ファミリーヒストリー

家族史の調べ方・まとめ方

宮 徹

WAVE出版

編集　星野智惠子
本文・カバー写真提供　宮徹
DTP　NOAH
校正　鷗来堂
装丁　奥定泰之

はじめに

さあ、ご先祖の謎に迫る歴史ミステリーの旅へ！

この本は家族の歴史を子孫に残したい、あるいは先祖のことを知りたいと思う方のためのものです。私自身がまずそう思い、家族史をまとめた経験に基づいています。

きっかけは、二〇一〇年の秋のことでした。

それまでの十年ほど、認知症になった母親の介護を続けていたのですが、その年の春にやっと特別養護老人ホーム（特養）に入ることができました。

そこで私は「介護十年戦争が実質的に終わった」としみじみ思いました。疲れ切ってヤレヤレと地べたにへたり込んだ様子をイメージしていただけるといいです。

解放感からしばらくボーッとした後、ふと考えたのは、「これでいよいよ代替わりが現実になってきたけれど、その前にやっておくべきことは何だろうか」ということでした。

父親は二十年ほど前に亡くなっているので、我が家にとってはこれで完全な代替わりになります。地方にある両親の実家ともやがて疎遠になっていくでしょう。それはすなわち先祖のことが永遠にわからなくなることを意味します。

そこで思い立ったのが、「完全に代替わりする前に先祖のことを調べておこう」ということだったのです。

「ひいおじいさんの名前すら知らない」ところからのスタート

私の父親は盛岡の出身で、大学時代は仙台に過ごし、就職とともに上京しました。その後、結婚して私が生まれたわけですが、私はといえば、東京生まれの東京育ち。小学生の頃、夏休みや法事の際、盛岡の父親の実家に何度か行ったことはもちろんありますが、先祖については何も知らないまま大人になりました。

盛岡の祖父については、面識はあると言えばあるのですが、それも厳密に言えば、晩年のよぼよぼの姿を見たことがある、といった程度に過ぎません。若い頃は何をやっていたとか、戦争の時はどうだったとか、立ち入った話をすることなどありませんでした。そんな祖父も、昭和の末に亡くなりました。

こんな状況ですから、まして曽祖父がどんな人だったかなど知るよしもありません。名前すら知りませんでした。

たしか大学に入った頃だったと思うのですが、生前の父親に「盛岡の家はどんな家だった？」とたずねたことがありました。

その時の父親の回答はと言えば、

「貧乏な下級武士の家だった、以上！」

というだけ。

「それだけ？」と問い返したくなるくらい、こっちからすれば拍子抜けするほどあっさりとしたものでした。

（もう少し説明してくれよ）

とその時は思いましたが、今にしてみれば何のことはない、父親とて家族の歴史について、何も知らなかったのです。

父親は二男でした。さらに祖父は四郎というくらいで四男坊でした。二代続けていわゆる「家督さん」ではなかったため、「先祖代々の……」というような古い遺品や書物など、我が家にはまったくありません。

さらに、父親は昭和一一年生まれだった一方、曽祖父は昭和一六年に亡くなっているので、父親には曽祖父（父親から見れば祖父）の記憶がほとんどなかったのでしょう。

このため、家についての伝承などほとんど何も残っていません。父親が知っていたのは、ただ自分が盛岡で過ごした戦中、戦後の時期の生家の状況だけだったのです。

そりゃ、その時代は日本国中、貧乏だったわけで、何も我が家だけの話ではありません。

その程度の話だったのです。
そんな前途多難なところからのスタートでした。

「そんな昔のこと、うちはわからない」とあきらめていませんか?

実際には、二〇一一年の雪解けとともに、東北に行って調査を始めようと思っていたのですが、その矢先、東日本大震災が起きました。

「一年は東北は無理」とあきらめ、満を持して作業を開始したのが二〇一二年の夏。以来、三年かけて調べた結果は、自分でもびっくりするほどのものとなりました。

本当は三カ月ぐらいでチャチャッとまとめるつもりだったのですが、調べ始めると芋づる式に知らなかった先祖がどんどん出てきます。

一度、先祖ひとりひとりの名前を知ってしまうと、「ここで自分がちゃんと書き残しておかないと、この先祖は永遠に歴史の彼方に消えていってしまう」と思い始めます。それでまた突っ込んで調べると、さらに古い先祖が出てくる。また、名前がわかるだけでなく、その人の生き方、考え方のようなもの(=ストーリー)が見えてくる。そうすると、ますます「これはちゃんと次の世代に伝えないと」となってきます。

その繰り返しで、どんどん引き込まれていき、結局、家伝書としてまとめるまでに三年もかかってしまいました。

そうは言っても、「うちには何も残っていないし、本当にそんな昔のことがわかるのか」と不安に考える方も多いでしょう。

それが、大丈夫なんです。私だって数年前まで、曽祖父の名前すら知らなかったくらいですから。

実際に私が家族の歴史を調べてみてわかったのは、この世界にはある程度の定石があることです。その定石を踏んでいけば、少なくとも明治維新あたりまでの歴史はほとんどのご家庭でたどれます。

理由はわりと簡単です。日本には戸籍があるからです。

詳しい話は後に譲りますが、明治以降、日本には戸籍制度ができ、親子の関係が公文書として残っています。これをたどって、つないでいけば、明治維新前後の生まれの先祖から四〜五世代にわたる家系図ができてしまいます。

また、今であれば、伝承も残っています。今、一族の長老格の方が八十代だとすれば、昭和戦前期の生まれということになります。その頃に生まれた方が子どもの時に接したおじいさん、おばあさんは明治維新あたりの生まれです。きっとなにがしかの昔話を聞いていることでしょう。

それを聞いてつないでいけば、明治維新あたりまでの家族の暮らしぶりが見えてくるのです。

おばあちゃんの昔話から先祖の暮らしぶりを知る

伝承にはその時代を生きた人ならではのライブ感があります。

父親の故郷である盛岡の昔の様子を調べ始めた頃、一冊の本と出会いました。『南部維新記／万亀女覚え書から』というタイトルで、一九七三年に大和書房から発行された本です。

著者は太田俊穂という盛岡出身の人。戦前に東京日日新聞の記者を務めた後、戦後は地元紙を発行する岩手日報社に移り、岩手放送の創立に携わった方です。

タイトルがやや古めかしいですが、今風に言い換えると、「明治維新の頃の盛岡／マキおばあちゃんの昔話」となります。

マキおばあちゃんとは太田氏の実の祖母。本の中では、子どもの頃にマキおばあちゃんから聞いていた昔話に加え、太田氏が若き記者時代に取材した盛岡の古老たちの話を紹介し、維新前後の盛岡の様子を生き生きと描き出しています。

たとえば、こんな話が出てきます。

マキおばあちゃんが子どもの頃、戊辰《ぼしん》戦争が始まりました。盛岡の街には、江戸や京都から昼夜を問わず、しきりに早馬が到着していたようです。

マキおばあちゃんは太田氏にこう昔話をしたそうです。

「深夜、あるいは明け方、遠くの街道から聞こえてくる、はやおいと、はやおいと、という早打ち（早馬）のかけ声は、たとえようもなくさびしいもので、この年になっても耳についていて、いやな気がする」

幼いマキちゃんだってそう思ったくらいですから、藩の重臣ばかりか下級武士、商人あるいは老若男女、当時の盛岡の住人の多くが、「上方で何か大変なことが起きている」という漠とした不安を抱いていたのでしょう。

こういう形で盛岡の街に明治維新が伝わってきたのです。

当然、自分の先祖もこのかけ声を聞いていただろうことは想像できます。我が家の明治もこうして始まったのです。

こう想像していくと、歴史の彼方にあった江戸時代や明治維新が妙に身近に思えてきます。そこには確かに自分の先祖がいて、それぞれの暮らしがあったのです。

「徳川慶喜が二条城で大政奉還を表明した」と言われても、正直、教科書の中の遠い遠い話でしかありませんが、その頃、自分の先祖がどこで何をしていたかがわかれば、まったく別の歴史観が生まれてくるのです。

あの英雄も伝承が残っているからこそ今に生きている

また、おばあちゃんの思い出からは先祖の暮らしぶりもかいま見ることができます。

先に紹介した太田氏が本の中でこう回想しています。

「お彼岸や、お盆には、よく彼女（マキおばあちゃん）のお伴をさせられた私は、根気よく軒並みに、お寺をまわって拝んでいくのには、閉口した。親戚の墓はもちろん、ここには、秋田戦争（秋田藩と戦ったことから南部藩では戊辰戦争をこう呼んでいた）で死んだ誰の墓があるとか、歩きながら、この人もよく家に来たもんだが、鹿角口で討ち死にしたんだね、といって杉の木の陰にある古い墓を見つけて、花をたむけたりした」

実は、これと同じような話は、私も今回の家族史作りの過程でおばから聞きました。

「おばあちゃんとお寺に行くと、あっちこっちで手を合わせていくものだから、自分の家（の墓）にたどり着くまでが大変だった」

ご近所づきあいが濃密だった昔の日本では、これは極めて日常的な風景だったのかもしれませんね。これもまたかつてあった家族の風景の一コマです。

伝承を残すことの大切さは、何も庶民だけの話ではありません。織田信長のエピソードを書き残した太田牛一を例にあげると、よく理解してもらえると思います。

信長が本能寺の変の際、「是非に及ばず」と言いつつ弓をとって奮戦した後、槍で応戦していたが、多勢に無勢で、侍女たちに「女どもは逃げよ」と言い残して、炎の中に消えていった、というのは、ドラマでよく見るシーンですが、私は最近までこれは後世の脚本家による創作だと思っていました。「よく見てきたようなウソを言うものだ」と思っていたのです。

ところが、これはかなりの部分、史実だったんですね。

信長の生涯を記した『信長公記』の著者で信長の近くに仕えていた太田牛一が、後年になって、本能寺の変の生き残りだった侍女を探し出して、取材した結果に基づく話だそうです。

ほかにも『信長公記』には、信長の人間性をうかがい知る多くのエピソードが盛り込まれていますが、これらも太田牛一が実際に見聞きしたものだそうです。

現在、我々は戦国時代の中でも、とくに個性の強い信長像に接し、生き生きとした戦国ドラマに思いをはせているわけですが、これは『信長公記』に負う部分が大きいです。

と考えると、こういうことが言えるでしょう。

太田牛一がいなくとも史実としての戦国史はほとんど変わらなかっただろうが、太田牛一がいなければ後世に伝わる戦国史観は明らかに変わっていた、と。

それだけ伝承というものは大切なもの。

武勇伝などなくとも、おじいさん、おばあさんの言葉や行動がどれだけ残っているかで、後世の子孫たちが先祖について抱く印象は違ってくるはずです。

明治維新、戦争、震災——家族はどう乗り越えてきたのか？

明治維新は政治の世界は言うに及ばず、日本人の暮らしにも大きな影響を及ぼし、社会を一変させました。いっせいに失業して転職を余儀なくされた武家はもちろんのこと、商家や農家にもです。

例えば、私の母方の先祖は宮城県北部の商家ですが、江戸時代は奥州街道沿いの宿場町で宿屋を営んでいました。武家とは違って明治維新自体の直接的な影響はなかったのですが、後々の社会の変化に伴って、やはり変化を余儀なくされました。

とくに、明治中期に盛岡まで鉄道が開通すると、途中の宿場町はいっきに衰退しました。時の家督さん（母方の曽祖父の兄にあたります）はこの状況の中で、何代続いていたかさえわからないほど住み慣れた地を離れることを決断、北海道に渡って、札幌で新たに旅館を始めています。商家とて明治維新とは無縁ではいられなかったのです。

この大きな節目以降の家族の歴史が、今だったら、ある程度はつかめます。

しかも、明治維新から現在まで一世紀半の間には、戦争があり、また、震災がありました（一口に震災といっても、東日本大震災もありますし、関東大震災、あるいは阪神淡路大震災もあります。ご家庭ごとでどの震災を思い起こすかは違ってくるでしょう）。

これらの大きな出来事を家族はどのような形で体験し、乗り越えてきたのか。その貴重な体験を子孫に残すか、残さないかと問われて、判断に迷うことなどないでしょう。

放っておけば、昔のことはどんどんわからなくなります。早めに家族史として文章にまとめ、子孫にしっかり伝えていくことを考える時期にあるように思います。

こう言うと、何か義務的で仕方なくやることのような感じがしますが、やってみると、家族史作りはあんがい、楽しいものです。何か歴史のミステリーを解いていくような感じです。

それがまた、自分と血のつながった先祖のことですから、何とも言えない、まさに親近感を覚えます。

かく言う私自身、義務的にかるく済まそうぐらいに思っていた話だったのに、どんどん引き込まれてしまいました。

その過程では不思議なことが起きるかもしれません。

家族史作りは亡くなった先祖と会話をする作業とも言えますから、調査で行き詰まっているような時、先祖が天国から降りてきて耳元でささやいてくれるのです。

そうとしか思えない、

（あれっ、自分は今、なんでこんなことに気がついたんだろう？）

というような体験を私は何度もしました。

そして最後には、意外な結末が待っているかもしれません。私自身がそうでした（その結末については、「おわりに」をご覧ください）。

さて、前置きはこれくらいにして、皆さんもご先祖の謎に迫る歴史ミステリーの旅へ。

ファミリーヒストリー――家族史の調べ方・まとめ方◉目次

第1章◉家族史って何だろう？

――ゴールをイメージする

先祖との関係をつかむ家系図は必須

そもそも先祖って？

家族史を作ろう！　と思い立ったとして、まずやらなければならないこと。それは完成時（ゴール）のイメージを持つことです。

一口に家族史と言っても、人により抱くイメージは異なるはずです。何か一冊の本をイメージされる方もいるでしょうし、巻物になった家系図をイメージする方もいるでしょう。最近では、ＮＨＫでまさに『ファミリーヒストリー』という番組が放送されていますから、あんな感じの映像作品にしたいという方もいらっしゃるかもしれません。もとより、家族史づくりに公的な規定などないので、各家、自由に作ればいいのです。

ただ、いずれにせよ、どのようなものにしたいか、まずは完成品のイメージを持った上で、それを作るための作業の段取りをつける必要があります。

この章では、そのためのイメージをどう作っていくかと、具体的な作業の確認をしていきたいと思います。

家族史作りに関して、最低限かつ最初にやらなければならないのは、先祖を把握すること。それは家系図の作成です。これは、現在の家族構成や先祖との関係を把握する上で欠かすことができません。これに関しては、皆さん、異存のないところでしょう。
ただ、家系図と言っても、先祖をどうとらえるか次第で、形は変わります。なので、ここではまず「先祖」について少し突っ込んで考えてみましょう。

図１◉民法上は六代前の先祖までが親族

民法上の親族の定義は「六親等内の血族、配偶者、三親等内の姻族」。先祖をさかのぼれば、六代前までが親族となる。特定の呼び方があるのは、四代前の高祖父母まで。それより前は「〇世の祖」などという。

日常のなにげない会話の中で、私たちは「親族」とよく口にしますが、厳密にはどこまでを親族というのでしょうか。

実は、民法の中では、これがきちんと定義されています。民法上の定義は「六親等内の血族、配偶者、三親等内の姻族」となります。つまり、家系図を真上にさかのぼると、六代前までが親族です。戦前は養子縁組も少なくありませんでしたが、養子縁組でも血族扱いとなります。

一世代を二五年とすれば、六代前とは一五〇年から二〇〇年ぐらい前あたりまでが親族の範囲になるわけです。つまり、江戸後期あたりを生きた先祖からということになります。

次に、呼び方という点から先祖を考えると、一代上を父母、二代上を祖父母、三代上を曽祖父母、四代上を高祖父母と言います。

特定の呼び方があるのはここまでで、そこから先は「五代前の先祖」とか「六代前の先祖」ということになります。それなりの言い方をしたとしても、「五世の祖」とか「六世の祖」というぐらいです。

仮に特定の呼び方のある四世代前までとすれば、自分を含めて五世代、一〇〇年から一五〇年前までの先祖ということになり、明治維新前後からということになります。

また、実際に家族史を調べていくと、四代上の高祖父母あたりまでは、親族内の伝承も残っていて、生身の人間の姿がおぼろげにでも浮かび上がってきます。

あくまで私的な推測ですが、先祖についての特定の呼び方が四代前までというのも、通常、口伝で子孫に生前の逸話が伝わる範囲内がそのあたりまでということに由来しているのではないでしょうか。

つまり、自分のおじいさんに、子どもの時に接したおじいさん（高祖父）の話を聞く機会を持つことはできます。それくらいが生身の人間のつながりとして感じられる範囲ということではないかと思うのです。

これらはあくまで概念的なものですが、今度は現実にはどれくらいまでさかのぼれるのかとの観点から考えてみましょう。

詳しくは後述しますが、家系図作成の基本となる戸籍調査では、運がよければ江戸後期の先祖まで、通常でも大体は明治維新前後の先祖まではさかのぼることができます。

そう考えてくると、まずは自分から四代前の高祖父母までを当座の目標とし、あわよくば法律上の親族の範囲である六代前までたどれるか努力してみる（努力目標）、というのが現実的と思われます。

中には、「先祖は武田信玄の家臣だった」というような伝承が家に伝わっていて、「どうしても、そこまでたどりたい」という方がいらっしゃるかもしれません。それはそれで立派な基本方針だと思います。

ただ、明治維新以前の先祖探しについては難航することが多いので、結果としてどこまでたどれるかはやってみないとわかりません。最終的には、わかるところまで、ということになると思います。

先祖をどうとらえるかで家系図も変わってくる

四代前の高祖父母と言っても、よく考えれば、実はひと組の夫婦だけではありません。特定の姓で見れば（例えば、私の場合なら宮家としての家系で見ると）もちろん一組なのですが、曽祖母の実家の両親も血のつながり上、高祖父母です。と考えれば、ご本人から見て、父方、母方それぞれに祖父母（二組の夫婦で合計四人の先祖）がいます。さらに三代上の曽祖父母となるとその倍の四組の夫婦で合計八人。四代上の高祖父母となると、さらに倍の八組の夫婦で合計一六人の先祖がいることになります。

つまり、特定の姓にとらわれずに、まさに「血縁」ということで先祖をたどれば、四代さかのぼると一六人もの高祖父母と言われる先祖がいるのです。

これらの人々をどう考えるのか。それ次第で家系図も変わってくるのです。

その「どう考えるのか」について、非常にざっくり分類すると、「名字」を重視するか、

図２◉先祖をどうとらえるか次第で家系図の形も変わる

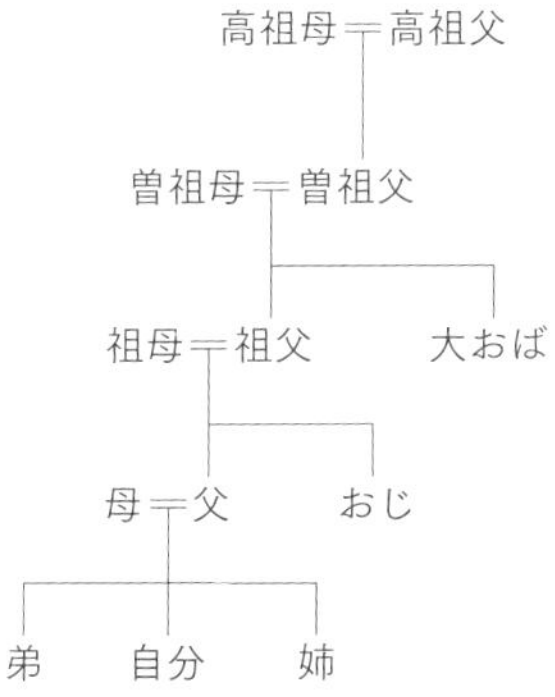

[名字重視型家系図]

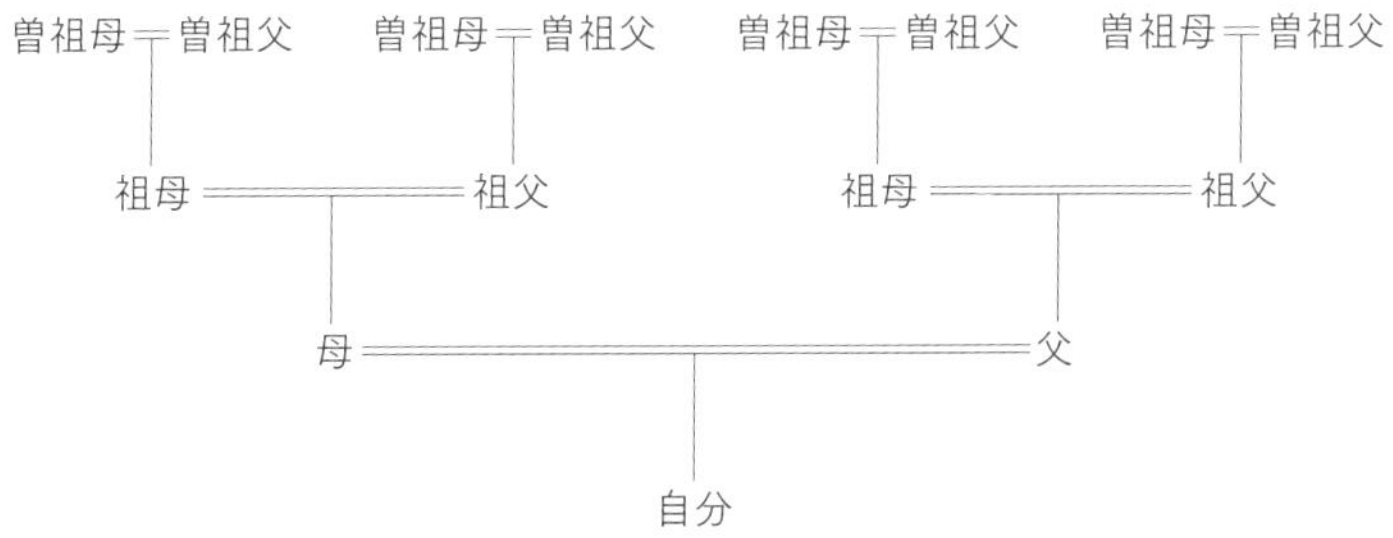

[血縁重視型家系図]

名字を重視すれば嫁（婿）の実家までは記載されない。血縁重視であれば、8 人の曽祖父母、16 人の高祖父母の全員が記載される。

「血縁」を重視するか、で分かれると思います。

現在、一般的に言われる家系図とは、名字をよりどころに上から下った家系図です。つまり、私を例にすれば、「宮家系図」となり、基本的に宮姓を名乗る先祖、親類の流れを記したものです。当然、父母、祖父母、曽祖父母、高祖父母は各一組の記載です。嫁いできた女性（加えてムコとして入ってきた男性）の実家の親まではなかなか記載されません。

一方、「血縁」を重視した家系図については、今は一般的ではないかもしれませんが、今後は家意識の変化とともに増えてくるかもしれません。

こちらは、ご本人を起点にさかのぼっていく家系図で、上に向けて扇を広げるような形となります。特定の名字にとらわれず、血のつながりに基づいており、先に触れたとおり、四代前には八組の夫婦、合計一六人の先祖が記載されることになります。

このように、一口に家系図と言っても、先祖をどうとらえるか次第でまったく形は変わってきます。ですので、自分はどちらのタイプで作って（調べて）行くか、まず考える必要があります。

ちなみに、「どちらにしても、そんなに簡単にわかるのか」といった心配をされる方がいるかもしれませんが、明治維新あたりまでであれば、実はそう難しくはありません。詳しくは後述しますが、要はどういう方針で先祖をたどるかといった考え方次第です。

かくいう私の場合はと言えば、ちょっとずるいですが、折衷型でいきました。基本は名字に基づく家系図を作ったのですが、状況のわかる祖母や曽祖母の実家の先祖については、文章で補うようにしたのです。

いい家伝記があってこそ感動が生まれる

伝承は家伝記に盛り込む

先祖を把握して家系図を作成した次の段階では、「家伝記」を作ることになります。「家伝記」とは、耳慣れない呼び方で恐縮ですが、要は家族に伝わる伝承類や（調査）記録をまとめた書物という意味です。

たとえば、先祖それぞれの菩提寺はしっかり記す。家訓があるなら、その意味するところや、誰が言い始めたのかなどを書いておく。家宝があるなら、その写真と由来を書き記してもいいですね。

個人の生き方を書いた本が伝記とすれば、複数の個人の集合体である家族や先祖の生き方などをトータルに記した本として「家伝記」と個人的に言っています。人によって呼び方は異なるかもしれませんが、ここではそういう意味としてとらえてください。

家族史を作るというと、家系図をまず思い浮かべる方が多いと思います。実際、家系図は家族史作りに絶対的に必要なものなのですが、私の考えでは、あくまで家族史作りの前提でしかありません。

一族の中で各人の関係を把握するためには必要不可欠なものなのですが、かといって、これを見ているだけでは大した感慨は生まれてきません。極端に言えば、名前のら列にしか過ぎないのです。

家系図自体は血縁関係を機械的に記したものであり、作業をきちんとすれば、そう出来不出来の差は出ません。人と人のつながりである家族史作りの肝は、次の段階に来る家伝記作りにあると言っていいでしょう。

ここは、作成する方の腕次第でかなり出来が違ってきます。

たとえば、戸籍を見れば、その人がどこで生まれて、どこで生きて、誰といつ結婚して、子どもはどれだけいて、いつどこで死んだか、までわかります。

これに親族間に残る伝承、あのおじいさんはこんな性格の人だったとか、このおばあさんの口ぐせはこうだったなどの伝承を盛り込んでいけば、それなりのストーリーになっていきます。

古い写真があればそれも入れる。さらにそれが明治維新や戦争、震災と関連しつつ幾世

図３◉家系図＋家伝記でいい家族史になる

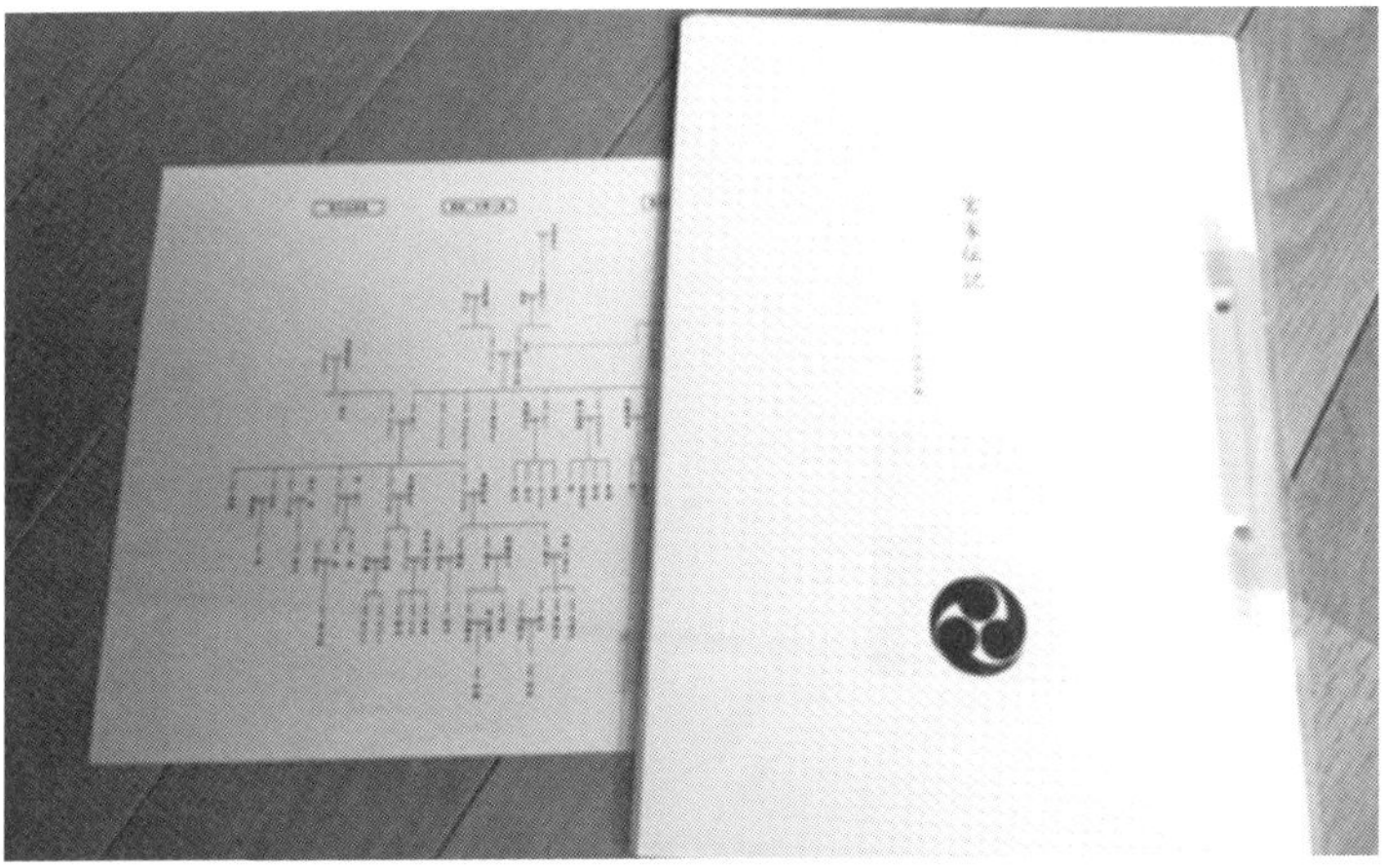

家族史に家系図は不可欠だが、子孫が本当に知りたいのは先祖の人生（ストーリー）。
文章と写真で先祖の人生を記録した家伝記を作りたい。

代にも連なってくれれば、普通の家であってもたいそうな大河ドラマになります。

この部分は、作り手の腕の見せ所です。

私が家族史作りを始めた頃、NHKで『ファミリーヒストリー』の放送が始まりました。毎回登場するゲストの先祖たちの生き方について、ドラマ仕立てで見せていくといった番組です。最後には、ゲストが感想を求められるのですが、皆同様に「人生観が変わった」というようなことを口にします。号泣する方もけっこういらっしゃいます。

私も毎回の放送を見ていて、あの感覚が実感としてわかります。第三者が見ても感動しますが、これが自分と血のつながった先祖の話となると、また別格の感動があります。なんとも表現しにくい特別な感覚です。あの感覚は実際に祖先の歴史に直面した人間にしかわかりません。

そんな感覚を味わえるのも、いい家伝記があればこそだと思います。

公開範囲を決めて、親族の協力態勢を作る

最後に完成品の公開範囲（＝完成品を配布する範囲）を決めます。

私の場合は、自分の兄弟（弟一人）と親戚づきあいをしている親の兄弟たち（おじ・おばにあたる人たち）各家としました。父親は二男三女の五人兄弟（父親を除けば四人）だ

ったので、自分と弟を加えて合計六部の家系図と家伝記が必要になるということです。また逆に、おじ・おばたちには家族史を作るからと伝えて、協力してもらうようにしました。これにより、各家に残っている先祖の写真や遺品の類を見せてもらったり、伝承を教えてもらったりできる態勢を作ったのです。

こうして公開範囲を決めれば、完成品の必要数がわかってきます。これくらいの部数であれば、現在はパソコンとワープロソフトが普及していますから、家のプリンターで印刷すれば、ほとんどコストをかけずに家伝記はできます。

最後にもう一度、家族史作りの完成品のイメージをおさらいしてみましょう。

- 家族史＝家系図＋家伝記
- 作業手順としては、家系図を作って先祖を把握した上で、家伝記を作成する
- 公開範囲（完成品の配布範囲と必要部数）を決めて、親族間の協力態勢を作る

どうでしょう。これで自分がこれから何をしなければならないか、ザックリとでもイメージできたでしょうか？

第2章● まずは戸籍を取る
――先祖調べの最初の一歩

戸籍で故人の人生をつかむ

定石は「2せき」調査

明治維新までの家系図の調査、作成についてはある種の〝定石〟があるので、そんなに頭を悩ます必要はありません。作業を淡々とこなしていけばいいのです。

その作業とは、

①戸籍（除籍謄本）を取れるだけ取る
②墓碑銘で戸籍情報を補足する

のたったふたつです。

私はこれを、「戸籍《こせき》」と「墓石《ぼせき》」の「2せき」調査と言っています。

戸籍のない明治維新より前の時代に踏み込もうとすると、こうした定石はなく、あの手この手を使っていくことになるのですが、ここではまず、明治維新までの家系図作りについて説明していくことにします。

皆さん、自分の戸籍を取得して、目にしたことはあるでしょう。
そこに記載されているのは、

・本籍地
・世帯主名
・構成家族各自につき、生年月日、父母の名と続柄、死亡日時と場所

です。
さらに、結婚していれば、

・婚姻届出日
・婚姻入籍した相手の氏名、生年月日、その父母と続柄、元の本籍地

が入っています。
これだけでも故人の人生のアウトラインは十分につかめます。

また、戦前は養子縁組も少なからずありました。それも戸籍上はちゃんと記載されており、墓碑銘のつながりだけではわからない名実の親子関係を知ることもできます。

戸籍に記載されている人が全員、転籍や死亡でいなくなってしまった場合は除籍扱いとなりますが、役所にはその後も保存されています。この保存されている除籍簿を役所に請求し、除籍謄本を取っていくのです。

そうやって親から祖父へ、曽祖父へと、どんどん除籍謄本を取っていけば、家系図作成に必要な基本情報は集まります。後は、集めた謄本の親子関係、婚姻関係を見ながら、家系図を組んでいけばいいのです。

自治体によって異なる古い戸籍の保管状況

問題は、戸籍を使ってどこまでたどっていけるかですが、日本の戸籍制度は、明治五年に作られた「明治五年式戸籍」(別名ではこの年の干支にちなみ「壬申戸籍《じんしん》」とも呼ばれる)が始まりとされています。ただ、現状、一般が請求、閲覧できるのは、「明治一九年式」と言われ、同年以降作られた戸籍からとなります。

ただ、少しややこしいことがあります。除籍簿の保管期間の問題です。

実は、二〇一〇年まで除籍簿の保管期間は八十年でした。それが改正されて今は百五十年となったはいいのですが、「八十年時代」に除籍簿が捨てられてしまっていると、当然、それ以前の除籍謄本は取れません。時代にすれば、昭和の初めより前のものです。

　これは除籍簿を実際に保管している役所によって対応が異なっています。法で定められていたのは、保管する義務のある期間だけで、廃棄の義務が明記されていた訳ではなかったため、「年限が来たから捨てよう」と考えた役所と、「あわてて捨てる必要はない」と考えた役所で、対応が分かれたのです。

　私の場合、父方の先祖の本籍地のある盛岡市役所では、「年限が来たから捨てよう」と考えたようで、取得できたもっとも古い戸籍は、昭和九年に隠居届出をして除籍となった曽祖父の安太郎が戸主だった時のものでした。そう古くはないですが、それでも安太郎は元治《げんじ》元年（一八六四年）の生まれなので、ぎりぎり江戸時代にかかった人です。

　ちなみに元治元年とは、徳川家茂が将軍だった時代で、池田屋事件や禁門の変が起きた年です。十分に時代を感じますよね。

　一方、母方の実家である高橋家は宮城県の北西部に位置する栗原市に本籍がありますが、栗原市役所は「あわてて捨てる必要はない」と考えたようで、もっとも古い戸籍は、明治二一年に隠居届出をして除籍となった増森萬吉のもの（私から見て五代前の先祖、つまり高祖父の父親にあたります）。まさに「明治一九年式」戸籍でした。

　これによると、増森萬吉は文政六年生まれ。文政六年とは一八二三年なので、今から二〇〇年近く前。時は一一代将軍、徳川家斉《いえなり》の治世です。鼠小僧次郎吉が江戸で大名屋敷を荒らし回っていた頃で、同い年にはあの勝海舟がいます。こちらはもうバリッバリッの江戸時代の人ですね。

さらに、戸籍には萬吉の父親が清治と記載されているので、六代前の先祖の名前までがわかったことになります。清治の生まれはおそらく一八〇〇年前後。もうここまでたどれれば十二分と言えるでしょう。

ここで、「あれっ、母方は高橋家でなかったの」と思われた方も多いでしょう。これは途中で養子縁組があったためです。

実際、これは今の高橋家の人たち（主に母親の兄弟であるおじ、おばたち）ですら知らなかった事実でした。

「えっ、うちってあそこと縁続きだったの」と今回の調査で親族一同皆驚いたのですが、昭和六年に祖父が結婚した際には、増森家からちゃんと御祝儀をいただいていることが当時の「御祝儀申受帳」（本家筋の旧家の仏壇脇の奥の方に残っていました。曽祖父が丁寧に書き残していたものです。調べ始めると、こういうものがひょっこり出てきたりします）に記載されているので、祖父の代まではこうした関係がわかっていて、親戚づきあいがあったと思われます。

このように意外なつながりがわかるのも戸籍ならではの情報からです。

最後にもうひとつ注意点。

実は、東京や大阪の中心部や広島、長崎などでは、戦災によって戸籍の原簿を焼失した自治体があります。ここに本籍があった場合、もちろん戦前の戸籍はありません。詳しくは、各自治体までお問い合わせください。

プロの手を借りるか

家系図作成代行業者に依頼する場合の損得勘定

ＮＨＫで有名人の家族史を調べて紹介する『ファミリーヒストリー』の放送が始まったあたりからでしょうか、自分でも家族史を調べたいという方が増えているのでしょう。それに伴い、家系図の調査、作成を代行する業者が増えているようです。その多くは、行政関連の諸手続を代行する行政書士事務所です。

実際、私も父方の家系図作成に当たっては、専門の業者に依頼、作成してもらいました。それから数年たって、インターネットを改めて検索してみると、当時に比べて明らかにこうした業者は増えているなあというのが実感です。皆さんもお願いしようかどうか悩んでいるかもしれません。

私に意見を求められれば、結論から言えば、委託して作成してもらってもいいと思うし、また逆に、自分でやってもいいとも思います。要は各人、各家庭が置かれている状況次第ということです。

では、その「状況次第」という点について、一歩掘り下げて検討してみましょう。「家系図の調査、作成を代行してもらう」ということは、分解すると、三つの作業を代行してもらうということになると私は思っています。

つまり、

①戸籍（除籍謄本）の取得
②戸籍（除籍謄本）の解読
③家系図の清書（印刷）

の三つです。

これら三つの作業に対し、当然、委託の費用がかかります。そのバランスから見て、どちらがいいかを皆さんそれぞれが考えるといいのです。

まず、戸籍（除籍謄本）の取得。

除籍謄本を取ること自体は、資格など持っていなくとも、誰でもできます。本籍地のある役所に行って、身分証明書を示せばいいだけです。

仮に、現住所と先祖代々の本籍地がほぼ変わらず、同一の役所内で収まっていれば、自分の戸籍を取るのとほぼ同じ手続きで、すべての除籍謄本が取れます。

なので、「自分の家は昔からここに住んでいる」とわかっているならば、最寄りの役所に足を運べば、あんがい簡単に先祖代々の謄本は取れてしまいます。

一方で、少し苦労するのが、本籍地のあった役所から遠い場合。

家系図調査は数世代にわたって戸籍を請求する必要があるため、先祖のいた本籍地が現住所から遠いとなると、手間がかかります。自分で足を運ぶとなると、それ相応の旅費がかかるでしょう。郵送での請求もできますが、書類のやりとりがやや煩雑になります。さらに、祖父の本籍地と曽祖父の本籍地がまた別となると、手間は倍になります。

たとえば、北海道にお住まいの方。

多くの方の先祖は明治維新後に本州などから渡ってきたはずで、どこかの段階で遠隔地の役所とやりとりする必要が出てくるでしょう。

そうすると、本人確認書類などを用意して郵送請求することになります（詳しくは該当する各役所のホームページを確認してください）。

これが一往復（一カ所請求）で済めばいいですが、さらに前の代の先祖は別のところに住んでいたとなると、もう一回、同じことを繰り返さなければなりません。それだけ手間暇がかかるわけです。

手書きの戸籍を読むのはけっこう苦労する

ふたつめの作業が、戸籍（除籍謄本）の解読。

現代の戸籍はすべて活字で印字されているので問題はないですが、戦後まもなく、昭和二十年代あたりまでの戸籍は手書きでした。中には筆で書かれているものまであります。

そうなると、書き記した役人個々の字のうまい下手により、はっきり言って、素人ではとても読めない戸籍に出くわすことがあります。小さな文字でくちゃくちゃ書かれていると、もう読む気にもなりません。

これは実際にやってみた人間でなければわからないと思いますが、この部分はけっこう、骨が折れます。

それでもと、一〜二時間、ジーッと戸籍とにらめっこしていると、少しずつわかってきたりするのですが、ここでギブアップしてしまう人もきっと出てくると思います。この部分の手間は、けっこうかかると思っておいて間違いありません。

最後は、家系図の清書（印刷）。最終的に家系図の見栄えをどうしたいか、ということです。

最近は、有償、無償それぞれ家系図作成ソフトが出ています。これを使えば、自分でもそれなりの家系図は作れます。

図4◉昔の戸籍は解読するのにひと苦労

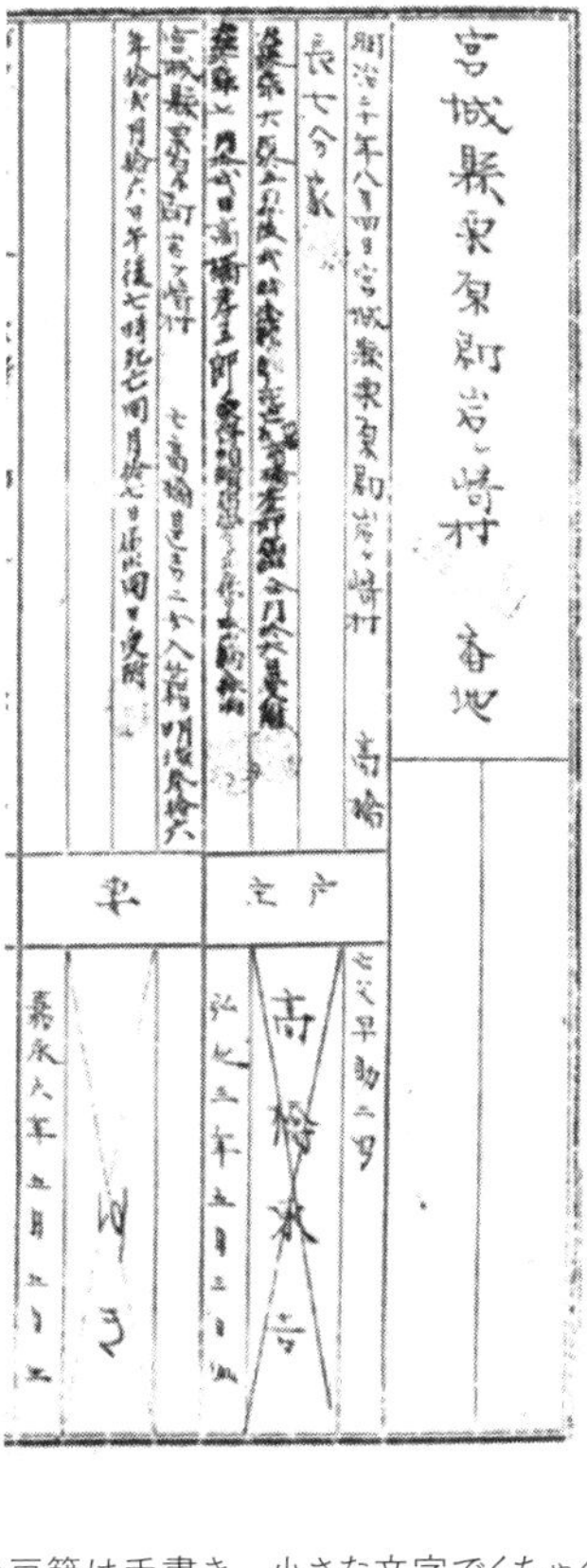

昔の戸籍は手書き。小さな文字でくちゃくちゃ書かれていると読みこなすのに根気がいる。

体裁にこだわらなければ、手書きだってもちろんいいでしょう。
業者に委託する場合、戸籍の取得と解読の部分はどこに委託しても同じ結果になるので差は出ないはずですが、この部分ではかなりの差が出てきます。一枚紙の家系図から、付帯情報までまとめた上に豪華な装丁の和とじ本に、あるいは巻物にと、業者ごとにかなり工夫しています。

中には、プロの書家による手書きの巻物まであります。ここまでくるとオーダーメイド扱いになるので、一本当たり数十万円になるケースもあります。

ちなみに、家系図を巻物にする習慣は、巻物が「長いもの」なので、家系が長く続くようにとの縁起をかついでのことのようです。

これら三つの作業を委託して、費用はどれくらいかかるのかと言えば、あくまで最終的な成果物のグレード次第なのですが、ざっくり言えば、基本調査に成果物（家系図）一セットで、下は数万円から上は十万円ぐらいまで。実際には、子どもたちや親族など成果物は複数必要になると思うので、その分の成果物を追加すると、トータルで十万円前後になると思われます。

これを高いと見るか、安いと見るかは、各自各家の判断になるでしょう。

ちなみに、私の場合は、父方は委託し、十分に満足できる成果物ができました。お裾分けした親族の皆さんからもご好評いただいています。

一方、母方は自分たちで調査、作成しました。自分たちで、としたのは、戸籍の取得は地元に住むいとこが担当、その解読と家系図作成を弟が担当したためです。

母方の先祖がずっと栗原市内に住んでいただろうということは事前に予想できたので、今も栗原市内に住むいとこに頼んで、市役所に行って除籍謄本を取ってもらいました。実際にここだけですべての謄本が取れました。また、弟はパソコンの扱いに慣れているので、フリーソフトで家系図を作りました。比較的、自分たちでできる状況にあったのです。費用はせいぜい役所に戸籍を請求した際の実費程度です。

「子々孫々にまで伝えるものだから……」と、他のことでは節約したとしても、ここは奮発して豪華な家系図にしてもらう、というのもひとつの考え方でしょう。逆に、そんなに費用はかけられないといった事情があるかもしれません。

ここから先は、各ご家庭の判断にお任せするしかありません。

第3章◉墓石で戸籍を補完する

——戒名や墓碑銘も重要な手がかり

古いお墓が残っていれば、いっきに江戸時代へ

たった一枚の手書きの紙切れに救われる

「2せき」調査のうちのもうひとつの手段、戸籍調査を補完するものとして、墓石の調査があります。特に、古い戸籍が取れなかった場合にはお墓に記されている情報に頼る部分が大きくなります。

戦後、親の代に都会に出てきたような家でも、田舎には先祖の菩提寺があって、古いお墓が残っているということも多いでしょう。それを調べると、運が良ければいっきに江戸時代の先祖までたどりつきます。

墓石には、そんなにしゃれた墓碑銘がなくとも、故人の俗名と戒名、亡くなった年月、享年ぐらいは最低限、記されています。中には、プラスアルファのちょっとした略歴まで残されていたりもします。戸籍と同等の情報源となりますね。

実際、私の父方は前章でご説明した通り、「八十年ルール」の時代に盛岡市役所が古い戸籍を廃棄していたため、もっとも古い戸籍でも昭和九年に除籍された曽祖父、安太郎のものしか取得できませんでした。これでは、その父母の記載分まで含めて、四代しかさか

のぼれません。

ただ、幸いなことに、盛岡の親戚の家に墓石情報に基づく家系図が一枚残されていたため、もう一代さかのぼり、江戸後期を生きた五代前の先祖までたどることができました。

昭和の末に古くて小さな墓石（個人ごとの墓石だった）を整理し、まとめて新しいお墓を建てたのですが、その際、おのおのの墓石に記されていた故人の情報を記録、整理して、家系図を作っていたのです。

ちょっと機転を利かせて作った、たった一枚の手書きの紙きれでしたが、これが大きな意味を持つこととなりました。江戸後期の先祖の名がわかったことで、藩の持つ史料とつながり、戦国時代までいっきに先祖をたどっていくことができたのです。本当にギリギリのところでした。

もうひとつ、戸籍ではわからない事実が墓碑銘で判明することがあります。若くして亡くなった子の存在です。

父方の祖父は四郎といいましたが、その名の通り、四男です。ただ、曽祖父、安太郎の戸籍には、四郎は四男と確かに記載されているのですが、二男の記載だけがいっさいなく、三番目の男子となっていました。これを墓石情報に基づく家系図と照合すると、二男は清造といって、明治二七年に四歳で亡くなっていたのです。

図5◉故人の戒名が記された墓誌（左）や古い墓石（右）で戸籍を補足

戸籍のないような古い先祖の名や戒名が、墓誌や墓石からわかることがある。ただし、江戸時代の墓石（右）は風化が激しく、読み取るのが困難な場合も。

明治時代には、若くして亡くなる子が非常に多かったようですが、戸籍では書き換えの際などにこうした子の記載を省略することがままあったとのことです。こうした事例も墓石からでしかわからない事実です。

逆に、墓石情報からでは以下の点がわかりません。

・養子縁組の関係
・生年月日
・嫁やムコとして家を出て行った人の存在

そのため、戸籍に基づく情報と照らし合わせつつ、家系図をまとめるのがいいと思います。

戒名には決まり事がある

以上が家系図作成上、墓碑銘から戸籍情報を補完するケースですが、家系図作成とは直接関係ないものの、墓碑銘から得られる重要情報に、戒名があります。戒名は故人を語る上で重要な情報となるので、これも調査の過程でしっかり記録しておくといいでしょう。戒名の読み方さえ知っていれば、たとえ故人との生前の面識、あるいは親族間の伝承がなくとも、ある程度はその人となりを類推することができます。家伝記を書く際には重宝するので、ここで説明しておきます。

戒名と一口に言っても、実は原則四つの要素から成り立っています（ただし、細かな点は宗派により異なります）。

（広義の）戒名＝（院号）＋道号＋（狭義の）戒名＋位号

これを具体例にあてはめてみましょう。

文献院古道漱石居士

これは明治の文豪、夏目漱石の戒名です。院号が「文献院」、道号が「古道」、狭義の戒名が「漱石」、位号が「居士」となります。

このうち院号は人により、付かないことも多いです。

また、狭義の戒名には生前の名前（俗名）の一字を入れたりします。位号は、（大）居士、（清）大姉、あるいは信士、信女、などがあります。

このほか宗派ごとの特徴があって、浄土宗は「誉」、浄土真宗は「釈」という字を入れる、などがあります。

日蓮宗の場合は、そもそも戒名とは言わず、法号と言います。また、道号部分に男性なら「法」、女性なら「妙」が入ることが多いです。狭義の戒名の部分を日号といい、宗祖、日蓮の教えを受け継ぐという意味から「日」の字を入れる習慣があります。

戒名から故人の人となりをつかむには、このような各宗派で定型的に使われる文字を除いて、その人（戒名）ならではの文字から想像していくことになります。

戒名から故人の人となりを思う

では、戒名からどのように生前の故人を想像していくのか、具体例をもとに考えていきましょう。

顕峰院法正日剛大居士

芳蓮院妙優日雅大姉

これは日蓮宗の基本様式に基づく、おふたりの戒名（日蓮宗なので法号）です。まず、道号の部分を見てください。前者は「法」の字なので男性、後者は「妙」なので女性ということになります。

前者の男性の場合、日蓮宗ならではの定型文字を除くと、残るのは「顕」「峰」「正」「剛」の四字。このうち実は「正」は生前の名前からとったものなので、残りの三文字から想像していくことになります。

そうすると、まず目に付くのが、「剛」の字です。また、「顕峰」とは非常に高くはっきりとしたいただき、といった意味でしょうか。総合すると、「大きくて強い人」といったイメージができます。

はたして、この戒名の男性は、ジャイアント馬場（本名、馬場正平）さんです。

同じく後者の女性の場合は、「芳」「蓮」「優」「雅」の四字から想像していくことになります。

実は、この方は女優さんです。なので、「優」の字が入っているのでしょう。優しい性格という意味でもあると思います。「雅」は生前の名前からとなると、雅子さんかな、と連想できます。

と、ここまでヒントがあれば、もうおわかりでしょう。つまり、女優の雅子さん、夏目雅子さんです。

この戒名は、なかなか練られているなと思います。雅子さんの名前の「雅」を使いつつ、前に「優」を入れることで、「優雅」（＝しとやかで気品があるさま）と読むことができるし、また、女優という職業も連想させるし、「優しい」という性格を表すこともできます。

さらに、「蓮」というのは、実は夏の季語なので、これもさりげなく夏目さんを連想させるものとなっています。

私は自分の家族史調査の過程で相当数の戒名を見ましたが、それらと親族に伝わる先祖の伝承を比較しているうちに、「これうまいな」と思わせる戒名に出会うことがいくつかありました。生前の人柄を表す字の選択が的確な上に、複数の字の合わせ技で別の意味を生む、まさに前述した夏目雅子さんのような戒名です。このあたり、戒名を付けたご住職の腕なんでしょうね。

最初はわからないのですが、一～二時間、じーっと眺めていると隠れた意味が浮かびあがってきたりします。それがわかった時には、何か謎解きができたようで妙にうれしいものです。

このように戒名は故人の人となりを推し量る上で、貴重な手がかりとなるので、家伝記を書く際に不可欠です。墓石情報を調べる際には合わせて記録しておきましょう。

コラム

有名人の墓碑銘に見る「生き方」「死に方」

日本の有名人の墓碑銘といった場合、その代表例としてあげられるのが、明治時代の俳人、正岡子規が残したものでしょう。

正岡常規又ノ名ハ処之助又ノ名ハ升
又ノ名ハ子規又ノ名ハ獺祭書屋主人
又ノ名ハ竹ノ里人伊予松山ニ生レ東

図6◉正岡子規「自筆」の墓碑銘
（東京・北区）

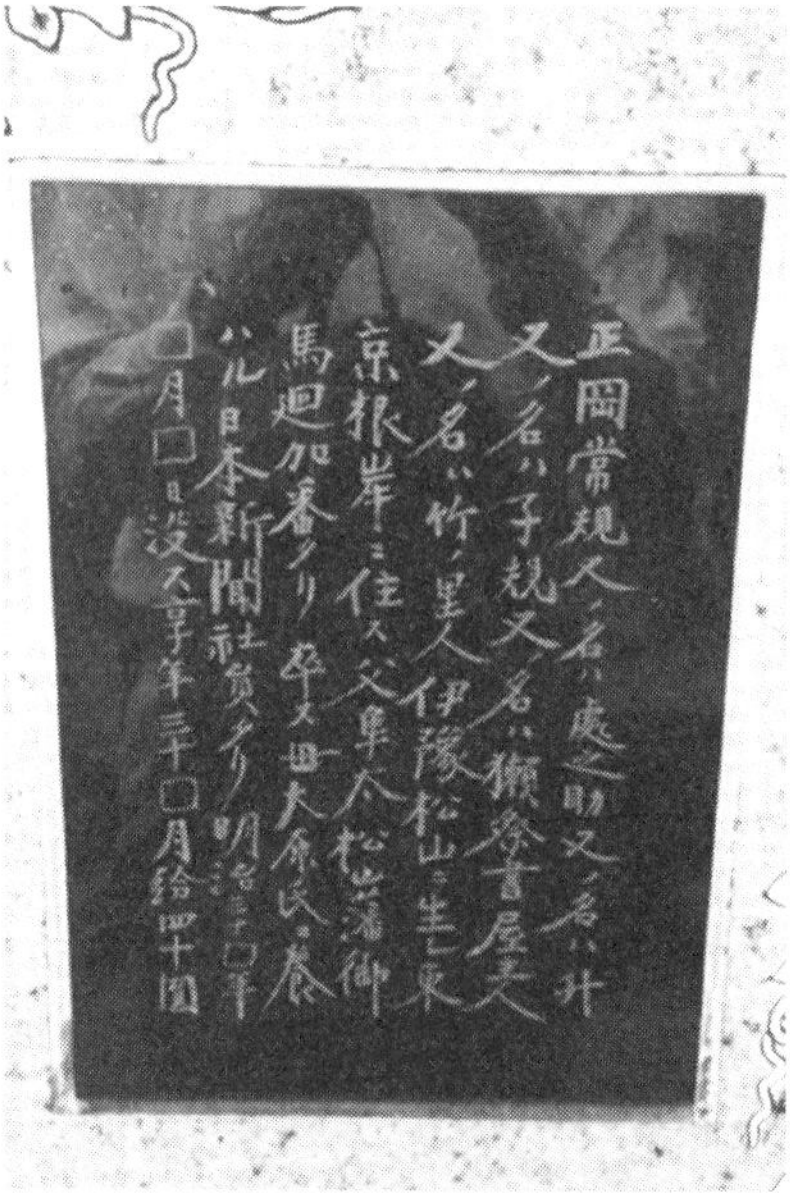

死期を悟った正岡子規は、自らの墓碑銘を書いた手紙を、友人に託していた。本人の性格がうかがい知れる。

京根岸ニ住ス父隼太松山藩御
馬廻加番タリ卒ス母大原氏ニ養
ハル日本新聞社員タリ明治三十□年
□月□日没ス享年三十□月給四十圓

※□部分は空欄という意味

これは子規が晩年、自ら書き、友人に託していたもので、現在、東京都北区にある子規のお墓（大龍寺）のそばで石碑となっています。自分の墓は質素でいいとしつつも、「どうしても何か文字を彫りたいのなら、これをそのまま彫ってくれ」と添え書きには記されていたそうです。

戒名はありませんが、簡潔ながら、自分が名乗ってきた幼名、ペンネーム、父母、仕事など子規の略歴を記しています。これだけの基本情報がわかっていれば、仮に子孫が家族史をまとめるとなった時には、非常に重宝します。

簡潔な書きぶりや、最後に「月給四十圓」と付け加えた、妙な部分へのこだわりからも、その人となりを推し量ることができますね。また、明治・大正期の文豪、森鷗外は、墓碑銘について、「遺書」に次のようにその考えをしたためています。

余ハ石見人森林太郎トシテ
死セント欲ス宮内省陸軍皆
縁故アレドモ生死別ル、瞬間
アラユル外形的取扱ヒヲ辭ス
森林太郎トシテ死セントス
墓ハ森林太郎墓ノ外一
字モホル可ラス

実際、東京都三鷹市にある鷗外のお墓（禅林寺）の正面には「森林太郎墓」と大きく書かれ、脇には「大正十一年七月九日没」と亡くなった年月日が記されているだけです。

生前の鷗外は単に作家というばかりではなく、医者あるいは軍人として陸軍軍医総監にまで昇進しています。死後、そうした社会的評価とはいっさい、決別したかったのでしょうか。逆に子規もそうでしたが、鷗外も遺書では「余ハ石見人森林太郎トシテ死セント欲ス」と、生まれ故郷をわざわざあげているあたりには、こだわりがあるようです。

これはこれで故人の考え方が強く出ていますね。

第4章◉それでも！　江戸時代へ踏み込む

――歴史探偵の腕の見せどころ

ふるさとの図書館は情報の宝庫

労多くして益があるかわからない

明治維新までは、戦災で役所が戸籍を丸ごと焼失したなど、よほどのことがない限り、多くの家で先祖をたどることができます。

私は戸籍と墓石を調べる「2せき」調査が終了した段階でいったん区切って、わかる範囲での家族史をまとめるのがいいと個人的には思っています。

戸籍のない明治維新より前に踏み込もうとすると、話は格段に難しくなるからです。古い墓石を調べるにしても、私自身、古い先祖の墓石を見てみましたが、現実的に江戸時代中期、二〇〇年以上も前になると、風化が激しく、墓碑銘がほとんど読めないという問題に遭遇しました。

一方で、苦労したらしたで先祖を確実に把握できるのかと言えば、そうとは限りません。やっぱりわからなかったということも普通にあると思います。「労多くして益少ない」ならまだしも、「労多くして益があるかわからない」のです。

もっともこれは、歴史好きな方なら、すごくおもしろいテーマだと思います。ある種、自分が歴史探偵になって、謎解きをしていくような世界です。もしかしたらライフワークになるかもしれません。

と諸々考えるに、明治維新でいったん区切ってとりあえずの家族史をまとめておいて、あとは歴史好きな方なら、ゆっくり江戸時代へとさかのぼっていく、という二段階のやり方がお勧めだと思うのです。

と前置きしつつ、江戸時代へ踏み込んで先祖を把握する方法について、お話ししたいと思います。

ここから先の調査に定石はありません。「あの手この手」を駆使していくしかないのですが、「それでも先祖をたどりたい」という人向けに、あくまで参考として「あの手この手」の一例をご紹介していきたいと思います。

ただ、「定石はない」とは言ったものの、実は先祖が武士だった場合には、それなりのやり方があります。

江戸時代の武士は、浪人でもなければ、当然、藩に所属していました。藩は官僚組織であり、組織管理上、必ず名簿を持っていました。これを一般に分限帳《ぶげんちょう》と言います。今で言えば、県庁の職員名簿のようなものです。

それも単なる名簿ではなく、お給料（家禄）から役職、ものによっては住所まで記されています。

さらに、藩では所属する藩士に、随時、家系図の提出を求めました。世襲の正当性を確認するためです。

これらをもとに、戸籍や墓石から調べた幕末あたりの先祖の名と藩の持つ史料とをすりあわせ、家系図をつないでいくのです。

問題はそうした史料が残っているかどうかです。

これは各藩、正確には維新後の各県の郷土資料収集の状況次第となるので、先祖が所属していた藩のあった地域の公共図書館を調べるのが第一歩となります。

郷土資料の案内から古文書の解読、読み方まで

図書館では、家族史調査をしたいという人向けに、あらかじめリーフレットを準備しているところもあります。

以下、実際の例をいくつかあげます。

図 7 ◉図書館によっては先祖調べのための案内を作成している

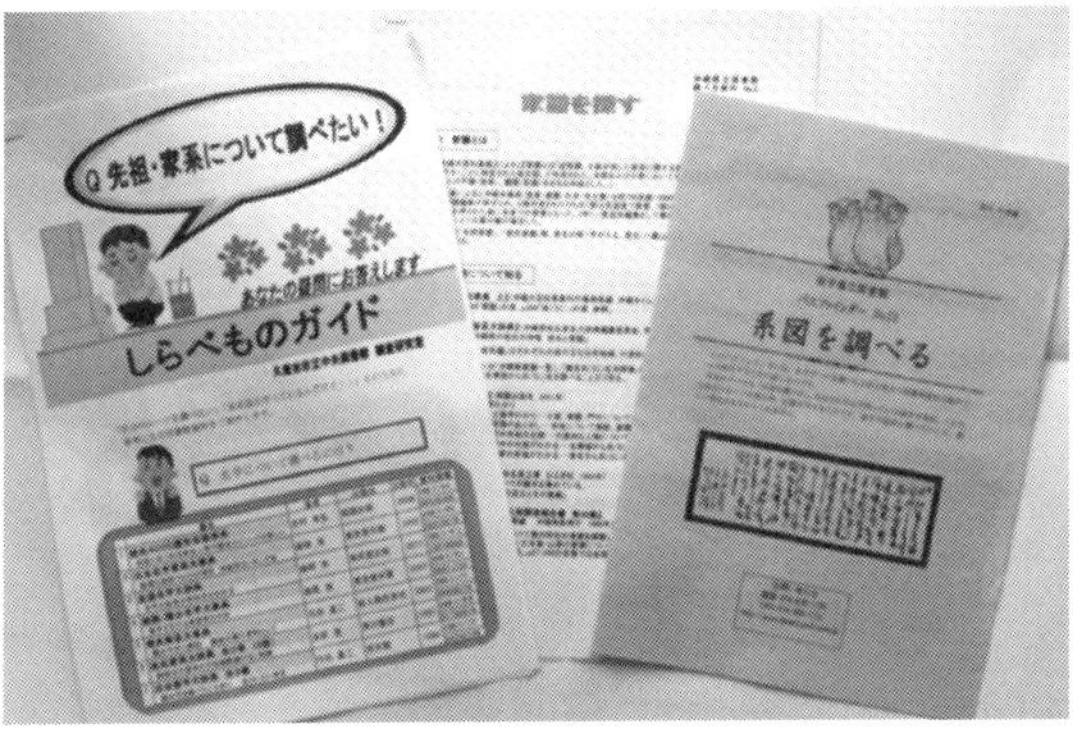

これらの案内では、先祖や家系の調べ方全般に関する参考図書や、地域に残る郷土資料などを紹介している。

『系図を調べる』
（岩手県立図書館）

『江戸時代の尾張の人物を調べる』
（名古屋市立鶴舞中央図書館）

『先祖・家系について調べたい！』
（久留米市立中央図書館）

これらのリーフレットの中では、先祖や家系の調べ方全般に関する参考図書や、地域に残る郷土資料などを紹介しています。

こうした案内がない場合でも、郷土史コーナーに行って、司書の方に相談してみることをお勧めします。

何か適切な史料を紹介してくれるはずです。

また、実際に江戸時代のことを調べ始めると、

「古文書が筆書き（くずし字）でまったく読めない」

という問題に直面することになると思います。中には、

「家に江戸時代の古文書があるんだけれど、何が書いてあるかさっぱりわからない」

という方もいらっしゃるかもしれません。

そうした悩みについても、地域の図書館（公文書館）の中には対応してくれるところがあります。

このところ、地域の図書館では、古文書解読講座を開催するところが増えているようです。郷土史とともに、初級ですが実践的な古文書解読の方法を学ぶといった内容です。

加賀百万石の城下町、金沢にある石川県立図書館では、毎年、古文書解読の入門講座を開催しています。二〇一五年度を例に取ると、全十回の講座で定員は昼夜二コース合わせて百名近くにもなりますが、満員御礼の人気講座となっています。

また、中には個別の相談に応じてくれるところもあります。

富山県の公文書館では「古文書一一〇番」というサービスを行っています。これは、郷土史料の散逸防止といった観点から、家庭に保管されている古文書の解読や保管の方法に対するアドバイスを行うというものです。

場合によっては、実地調査までしてくれるようです。

もちろん、こうした公共の施設では、単に「全文解読してくれ」とか、「いくらになるのか鑑定してくれ」といった話には、応じていません。そこはちゃんと対価を払って民間の古文書解読サービス会社や骨董品屋に依頼すべきでしょう。

ただ、「もし本当に貴重な史料なら公的な施設に寄贈してもかまわない」といったお考えをお持ちなら、一度、地元の図書館や公文書館にご相談してみるのがいいと思います。

尾張藩では家系図集をデジタル化

素人が読み解くのは至難の業の古文書ですが、ありがたいことに、中には、活字化され、本として出版されているものもあります。

御三家筆頭、尾張藩のケースを見てみましょう。

尾張藩の藩士を調べるといった際には、各年代の分限帳、家系図集である『士林泝洄《しりんそかい》』、藩士の履歴集である『藩士名寄《はんしなよせ》』の三種類が基本史料となります。

まず、分限帳ですが、尾張藩では様々な年代のものが現存する中で、先祖をさかのぼるという観点からすれば、もっとも年代の新しい『明治二年訂正』版を参照するのが第一歩になるでしょう。これは活字化されたものが、『新修名古屋市史資料編近世1』（名古屋市、二〇〇七年刊）に収録されています。

その解説によると、「職名、一部はその職の支配系統、禄高、氏名が記載されている。収録人数は二八六九人、最低の禄高は、銀二枚である」（同市史より）。ただ、藩士の全員が記載されているわけではない、との断りもあります。

とはいえ、明治維新前後の藩士の多くが記載されているので、戸籍や墓石からわかった先祖と氏名を照合していけば、先祖がたしかに尾張藩士だったかに始まり、禄高やどういった役職に就いていたかといった情報まで確認することができます。

ここで、たしかに尾張藩士だったということが確認できれば、そこからどんどんさかのぼっていくことになりますが、そこで次に調べるのが家系図集の『士林泝洄』です。『士林泝洄』は江戸中期に編纂された藩士の系図集で、続編もあります。

ただし、編纂時期が江戸時代中期（一七五〇年頃、ただし、もう少し遅いとの説もある）ということで、それ以降〜明治維新まで約百年の空白期間が生まれてしまいます。

それを埋めるのが、藩士の履歴集である『藩士名寄』です。歴代の藩士それぞれのお目見えから隠居あるいは亡くなるまでの役職歴が記されています。編纂は藩がなくなるまで続けられていたようで、明治に入ってからの記載も散見できます。記載されている藩士の数は二万をゆうに超えているそうです。

こちらは現在、筆書きの原書をPDFファイルにした形でインターネット上に公開されています。徳川林政史研究所のホームページからご参照ください。

以上、三種類の基本史料の特性を踏まえれば、先祖をたどっていくためには、

①分限帳（年代の新しいもの）で先祖がたしかに尾張藩士だったのか確認する

②『藩士名寄』で数代の先祖をたどりつつ、その役職歴を記録する

③『士林泝洄』で自分の家の系図を見つける（さらに先祖をさかのぼる）

といったステップを踏めばいいでしょう。

さらに尾張藩に関しては、二〇一三年に名古屋市博物館から『名古屋城下お調べ帳』という冊子（DVDと地図付き）が発売されました。

驚くべきは、「尾張藩便利帳」というデータ（DVD）で、『藩士名寄』や『士林泝洄』などの史料をもとに、記録に残る藩士五万人もの履歴を一発検索できるようにしたことです。

これは画期的なことだと思います。尾張藩だけでなく、さらに他藩まで広がり、データが連動するようになれば、ビッグデータとなって、これまでとはまったく違う形での日本史研究が始まるかもしれません。

加賀百万石や、戦国時代の小田原北条家では？

外様の雄藩、百万石の加賀藩の状況はどうでしょうか。

加賀藩の分限帳としては、『加賀藩組分侍帳』が知られています。幕末の文久年間のものなので、戸籍や墓石で調べた先祖と照合できる可能性があります。

国立国会図書館の近代デジタルライブラリーとして、インターネット上で公開されていますので、加賀藩とは関係のない方でも「分限帳とはこのようなものか」と知る意味で、一度、見てみてください。もちろん、活字化されています。

ここでは役職ごとに記載されており、氏名、禄高、家督継承年月日、家紋、住所などが記載されています。

「さすがは加賀百万石！」と思ったのは、筆頭の前田土佐守直信はじめ万石単位の禄高の家臣が十人以上、名を連ねていることです。

各藩とも時代が下るにつれ、財政難だったり、分家が増えていったりなどで、家臣の禄高は減っていく傾向があるようです。

その点、加賀藩では幕末にしてこれほど高い禄高の家臣を擁しているあたり、尾張藩とは別の意味で、さすがと言わざるを得ません。

加賀藩の系図集としては、『諸士系譜』があります。江戸後期に編纂されたもので、『石川県史資料近世篇8』以降数冊にわたり、石川県から発行されています。ただし、これは影印本と呼ばれるスタイルで、筆書きの原本を読み取ってそのまま掲載しています。活字ではないので、素人が読み込むには少し骨が折れます。と見てくると、先祖探しという点では、尾張藩よりやや苦戦するような気がします。

さて、やっかいなのは戦国時代にいったん、滅んだ大名家です。たとえば、小田原を本拠としていた北条家の場合。

北条家では、永禄二年(一五五九年)に作成されたとされる『小田原衆所領役帳』が残っています。主要な家臣五六〇人の氏名、知行地と禄高、普請役や軍役の状況などが書かれており、活字になったものが、『新編埼玉県史資料編8中世4付録』(埼玉県、一九八六年刊)に収録されています。

このうち、筆頭に記載されているのが松田左馬助で、北条家の重臣として知られる松田一族と見られています。相模西郡苅野庄(現在の神奈川県南足柄市苅野付近か)に大きな知行があったようです。

実際、JR御殿場線の「松田」という駅がすぐ近くにあるような場所で、小田原城からも近いところです。

ただ、このレベルの情報を、明治維新まで約三〇〇年の時を超えて、戸籍や墓石に基づく情報とを合致させることは、かなり難しいと思われます。

そもそも収録されているのも五六〇人程度ですから、中核となる有力な家臣だけということでしょう。組織全体の網羅性という観点からすれば、江戸時代中期以降の藩の分限帳とは異質なものだと思います。

家系図集の良いところ、気をつけたいところ

家系図集の良いところは、自分の家系だけでなく、他家の家系がわかることです。

盛岡を本拠とした南部藩では、様々な年代の分限帳が残っているほか、『参考諸家系図』という江戸後期に編纂された藩士の家系図集があります。

それを見ていると、一口に家系図と言っても、家により、記載されている内容の濃密さが異なります。そっけなく、家督継承者の流れだけを記載している家があれば、嫁や息子（家督継承者だけでなく二男、三男以下まで子どものすべて）、あるいは嫁として家を出た娘まで丁寧に載せている家もあります。

丁寧に記載している家であれば、どこの家の誰の娘を嫁として迎えたとか、子どもはいなかったけれども、どこの家の誰の息子を養子に迎えたといった関係がわかります。そう

すると、より深い血縁関係が見えてきます。

私がざっと見渡して気がついた中では、新渡戸本家は非常に細かい家系図を提出しています。

新渡戸《にとべ》という珍しい名字なだけにピンとくる方も多いと思いますが、戦前の教育者にして外交官でもあった新渡戸稲造さんを出した一族です。五〇〇〇円札の肖像にもなった人ですね。稲造さんは新渡戸家でも分家の出身で、本家筋ではないのですが、同じ一族となります。

新渡戸本家は藩の重臣で、幕末には家老も出していました。稲造さんのような優れた人材を輩出したり、細かな家系図を提出している（＝家の歴史をきちんと把握できている）というのは、この家系特有の「お家柄なのかな」と思ってしまいます。

逆に、注意しなければならないのは、各家で記載に濃淡があるということは、系図にすべてが記載されているわけではない、という点です。

当時の家系図はあくまで自己申告によるものです。単に「昔の細かいことはわからない」というだけならまだしも、部分的に「嘘とまでは言わないけれど、意図的に隠したいことを隠している」可能性があります。

武士だって刑事的な事件をおこす人間は当然いました。

また、ある程度の役職に就けば政治家とも言えますから、政策的な責任を負っていました。それで失敗したり、政争に敗れたりすれば、それも罰せられました（こういう理由で処罰されるのは、今にして思えば酷だとは思いますが）。

理由はともあれ、処罰された人間が出ると、一族としては藩に提出する家系図に記載しにくくなります。それでうまく隠してしまったということが考えられます。

さらに南部藩の場合、戦国末期に九戸政実の乱がありました。これにより、南部家家中は分裂、家臣一族も敵味方に分かれて争うことになりました。

こうした歴史があっただけに、どうも家系図におかしな点がある、と疑義を唱える郷土史家の方もいらっしゃいます。九戸方についた人間に関する記載を意図的にはずしているのではないか、という見方です。

このように江戸時代の家系図は、現在の戸籍に裏打ちされているような正確なものではないということも、一方でまた認識しておく必要があります。

氏名から先祖をたどる

名字から地縁を類推する

「うちは武士の家ではないから」あるいは「(武士の家だとしても)小藩でそんなに史料が残っていないから」という方は、それこそもう「あの手この手」になるわけですが、その中でも、基本的な方向性としては、「地縁をたどる」ことを念頭に進めていくといいと思います。

まず、古い先祖が暮らしていた土地にある公共の図書館や資料館に行って、それらしき郷土資料を片っ端から当たるのです。

戦前に編纂された市町村史(町村合併される以前の小単位の行政組織のもの)の中には、明治維新時の古い地図(家主の名前入り)だったり、土地の旧家の家系図がひょっこり載っていたりします。私自身、そういったものの中に先祖の名前を発見することも少なからずありました。

あるいは、先祖が暮らしていた住所が、いまどうなっているのかを地元の住宅地図(家主の名前入り)で調べます。

もし、同姓の人が住んでいれば、そこが本家筋である可能性が高いと考えられます。仮にそうだったら、手紙を出してみるのです。「先祖の戸籍を調べていたら、以前、そちらの住所に住んでいたことがわかりました。××という名前で△△の頃の話なのですが、ご存じないでしょうか」というような内容です。

それで本当につながりがあるようなら、その家に残る家系図や伝承を教えてもらえるかもしれません。

地縁をたどる、という点では、名字も自らのルーツをたどる手がかりとなります。名字には大なり小なりの地域性があるからです。

日本人全体の中で多い名字トップ一〇に入る、佐藤さんや鈴木さんのレベルでルーツを具体的に限定することは難しいですが（もっとも、それでも佐藤さんは東北に多いなど大まかなレベルでの地域性はあります）、珍しい名字であればあるほど、特定の地域にフォーカスしていけます。

ここでは、二〇一三年にＮＨＫで放送された朝の連続ドラマ『あまちゃん』で大ブレークしたふたりの俳優さんをケースに見ていきましょう。

ヒロイン、アキの恋人役、種市先輩を演じた福士蒼汰さんと、アキの母親である春子の若かりし頃を演じた有村架純さんです。

福士姓、有村姓とも、そこそこ珍しい部類に入る名字で、実は地域特性が比較的はっきりしています。ちなみにおふたりとも、名字については本名です。

福士姓はくしくもドラマの舞台となった岩手県久慈市とはそう遠くない場所に多い名字です。正確には青森県を中心に、北海道、岩手県に集中しています。

福士と言えば、陸上長距離の福士加代子さんも有名ですが、彼女は青森県出身なので、まさに福士姓を代表するような存在です。

もともとは、山梨県南部町内の福士という地域が発祥の地とされています。

最近は便利なものがあります。インターネットサービスのグーグルマップやヤフー地図です。それで、「福士」と入力してみてください。富士川の支流である福士川が流れているあたりが出てくるでしょう。ここが発祥の地です。

この地で生まれた福士氏が、やはりこの地をルーツに持つ南部氏の家臣となり、南部氏が陸奥に移住した際に一緒にやってきた、というのが青森や岩手に福士姓が多い理由です。

福士（蒼汰）さん自身は東京都の出身ということになっていますが、ルーツをたどると、あんがい、『あまちゃん』の世界に近いところにたどりつくのかもしれません。

NHKでは、地方を舞台としたドラマをやる時は、役名の地域性まで考慮するようです。

『あまちゃん』でも、地元に詳しい人間であればわかるのですが、実際に土地にいそうな名字を役名に使っています。

福士さんの役名だった種市《たねいち》も、実は、岩手県や青森県に多い名字です。実在する地名でもあって、久慈と八戸を結ぶＪＲ八戸線には「種市」という駅まであります。付近には県立種市高校があって、ドラマの中でも紹介されていた歌「南部ダイバー」は本当に同校の応援歌のような存在となっています。

このほか、渡辺えりさん演じた海女仲間の今野《こんの》弥生さんもそうです。

今野という姓は、宮城県に多いのですが、三陸でもよく見られる名字です。平安時代後期、今の岩手県気仙郡（陸前高田市や大船渡市一帯）を本拠としていた金為時（こんの・ためとき）から派生した姓と言われています。本来的には、金野《こんの》なのでしょうが、今野、紺野、昆《こん》などの姓もここからの派生と見られています。

次に、有村架純さんの有村姓を見ていきましょう。

有村姓は鹿児島県特有の名字として知られています。昔であれば、安政の大獄後に井伊大老を襲撃した薩摩藩士の有村次左衛門が知られています。最近では、ＴＢＳの元アナウンサーの有村かおりさん（鹿児島市出身）や、参議院議員の有村治子さんがいます。有村治子さんは滋賀県出身ですが、ルーツは鹿児島県にあって、有村次左衛門とは血縁であると公表しています。プロゴルファーの有村智恵さんは熊本県出身ですが、鹿児島とはそう遠くはないですね。

有村架純さん自身の出身地は兵庫県となっていますが、ルーツをたどれば、どこかで鹿児島県にたどりつくかもしれません。

このように、多少なりとも珍しい名字であれば、ルーツがどこにあるかをある程度は類推することができます。ただし、そこから直接の先祖をたどるとなると、さらに詳しい調査が必要になるでしょう。

逆に、名字発祥の地と現住所が違うとしたら、その間に何があったのか、気になりますね。それを解き明かすことが、まさに家族史づくりとなります。

極めて珍しい名字ならかなり確度が高まる

極めて珍しい名字であれば、さらにルーツをたどりやすくなります。

例えば、生稲さん。

これ、読めますか。これで「いくいな」と読みます。

かつて一世を風靡した「おニャン子クラブ」のメンバーとしてデビューしたタレントの生稲晃子さんが出てきたことで、読める方もいらっしゃるかと思いますが、初めて見た方で正解するのはまず無理ですよね。実際、彼女がデビューした当初、名前を正しく呼んでもらえないことが多かったようです。

私は、高校時代のクラスメイトにたまたま生稲君がいて、「珍しい名字だなあ」と思って、この名前を覚えていました。そのため、高校卒業後、「おニャン子」として晃子さんが登場した際には、すぐに名字を読み当てることができました。

全国的には極めて珍しい生稲姓ですが、実は特定の地域には、多いというほどではないですが、集まっているんです。

それは千葉県の南端、房総半島の先にある館山市や南房総市です。どうもこのあたりに生稲氏のルーツがありそうです。

もうひとつご紹介しましょう。

似鳥さん。これも珍しい名字ですよね。

漢字で書くと読めないかもしれませんが、カタカナで書けばピンと来る方も多いと思います。これで「ニトリ」と読みます。

そうです。全国展開している家具屋さんで有名になりましたね。その家具屋さんであるニトリの創業者が、似鳥（昭雄）さんです。

実は私、似鳥さんのことは数年前から気になっていました。南部藩の分限帳の中に似鳥姓の藩士が散見されたからです。しかも、岩手県には二戸市内に似鳥という地名まであります。

これだけ珍しい名字ですから、そうそうあっちこっちに似鳥さんがいるわけはないので、家具店のニトリとも関係があるんじゃないか、とにらんでいたのです。

ニトリの札幌本社が札幌市北区新琴似というのも気になりました。明治の初め、北海道開拓のための屯田兵がはじめに入植し始めたのがこのあたりだったのです。

初期の屯田兵は、職を失った東北諸藩の士族を想定していたと言われています（時代が下るにつれ、全国から、しかも身分にとらわれないようになったようです）。南部藩の史料を見ても、維新後、首都である東京はもちろんですが、北海道に渡った家も少なからずありました。

と思っていたところ、この謎に対する回答が日本経済新聞に載りました。

経営者をはじめ著名人が自分の半生をふりかえる『私の履歴書』というコーナーがあって、ここに登場した似鳥昭雄さんが、自分の先祖について、「岩手県から北海道の花畔村（現在の石狩市）に開拓民として移ってきた。私は開拓民の四代目に当たる」（日本経済新聞、二〇一五年四月二日付）と答えていたのです。

さらにもうひとつ、似鳥さんには謎があって、岩手県にある地名の似鳥は「にたどり」と読むのですが、名字の似鳥は「にとり」と、読み方が違います。

「これはいったいどういうことだろう」という疑問があったのですが、その点については、「似鳥一族のうち、本家筋が（にたとり）の名前のまま札幌に入植し、分家の当家は（にとり）という名前で入植した」（同新聞より）ということでした。同じ一族の中で分かれていたんですね。

ある程度、私の読みが当たっていたことになりますが、これも「似鳥」という極めて珍しい名字だからこそできる推理です。

なお、屯田兵については、『屯田兵名簿』（北海道屯田倶楽部、二〇〇三年刊）が発行されています。屯田兵として北海道にやってきた全七三三七人の氏名、出身地、入植した兵村と年月が記されています。「先祖が屯田兵として北海道にやってきた」という伝承があるようなご家庭では、一度、当たってみるといいでしょう。

名付けにも家なりの流儀がある

名前と家との関係を考える上では、名字ばかりではなく、下の名前にもその家特有の特徴が見られることがあります。代表的な例が、通字《とおりじ》です。

通字とは、その家で代々、使われている字のことで、一番わかりやすいと思われるのが、江戸時代の徳川将軍家です。

江戸時代の徳川将軍の多くが、名前に「家」の字を使っていることは、皆さんよくご存じだと思います。初代家康にあやかって意識的に使われている訳ですが、これが通字です。

このほかにも、江戸時代の大名家には通字を使う家が少なからずありました。

佐竹家（秋田藩）——「義」
伊達家（仙台藩）——「宗」
相馬家（中村藩）——「胤」
井伊家（彦根藩）——「直」
山内家（土佐藩）——「豊」

といったところがよく知られています。

中でも、佐竹家は「佐竹」と名乗る前の先祖、源義光以来、「義」の字を使っているほどの古さです。源義光とは鎌倉幕府成立よりさらに一世紀ほど前の武将なので、一〇〇〇年近くにわたり、ずっと「義」の字を踏襲していることになります。ここまでくると、代を重ねるにつれ、名付けにかなり苦労したのではないかといらぬ心配までしてしまいます。井伊家は少なくとも戦国時代からの歴代当主の多くが「直」の一字を使っていて、特に江戸時代に彦根藩主となってからは例外なく「直」の字を使っています。幕末の井伊大老も「直弼《なおすけ》」ですよね。

土佐山内家は「豊」。有名な初代一豊にちなんでのことですね。これはわかりやすい。

以上は大名家ですが、大名家以外でも通字はあんがい、広く使われていました。

たとえば、俳優の加山雄三さんの先祖は薩摩藩の池端家。加山さんの祖父は清武、父で俳優の上原謙さんの本名は清亮と、歴代で「清」の字を使っていました。池端氏は鹿児島の豪族、禰寝《ねじめ》氏の支流とされており、この禰寝氏が「清」を通字としていたことに由来しているようです。

商家でも通字を使う家は少なくありません。

商家の代表と言える三井財閥の三井家では、中興の祖と言われる高利《たかとし》以降、「高」の字を通字とするようになりました。高利以前にも「高」の字を使う先祖はいましたが、高利以降にこの傾向が顕著になったようです。

また余談ですが、中国人の知人に聞いたところ、中国でも通字のような家特有の慣習があるようです。

ただおもしろいのは、日本が一族で同じ字を使い続ける、つまり縦系統の通字であるのに対し、中国では横系統とも言うべき使い方をすることです。

どういうことかと言えば、特定の人物から数えて二代目はこの字、三代目ならこの字、というような漢字の用い方をするそうです。

言い換えると、二代目と三代目では別の字を使うわけですが、兄弟やいとこ同士は同じ字を用いるということです。

では、どのようにしてその字が決まるのかというと、一族としての名付け用の漢詩があって、歴代でその漢詩中の一字ずつを順に用いていくのです。そのため、まだ生まれていない子孫でも、どの字を使うかまで決まっているとのことです。

この漢詩は皇帝からほうびとしてもらったり、一族の功労者が作ったりしたそうです。

ほうびとして名前をもらうという点では、日本では偏諱《かたいみな》という習慣がありました。

有名なのは江戸幕府一一代将軍の徳川家斉《いえなり》で、「斉」の字を大名によく与えました。

幕末に活躍する水戸藩主の徳川斉昭《なりあき》や薩摩藩主の島津斉彬《なりあきら》の「斉」は、どちらも家斉から偏諱としてもらったものです。

日本と中国では、似ている部分もあり、異なる部分もあり、比較するとおもしろいですね。

「うちにはそんなのないよ！」と思われる方がいるかもしれません。

しかし、それはただ昔のことを知らないだけじゃないですか？

現代ではもう通字のような概念はほとんどなくなりましたが、戦前ぐらいまでは、名前にもその家なりのくせのようなものがありました。

通字とまでは言わなくとも、父親の一字を息子にも付けるといったことは少し前まではよくあったことでしょう。

ある程度、古い先祖の名前がわかってきたら、こうした観点から歴代の名前を見てみてください。その家なりの名付けの流儀が見えてくるかもしれません。

戦国時代よりも前となるとかなり苦戦する

最後は歴史探偵になって、推理と証拠探しを繰り返す

最後に私が江戸時代へ踏み込んでいった過程をご披露しつつ、皆さんにも歴史ミステリーの謎解きとはどういうものか、疑似体験していただきましょう。

私は「2せき」調査で江戸後期あたりまでの先祖をつかんだところで、盛岡の岩手県立図書館に行きました。先祖は南部藩に属していたと伝わっているので、ここで藩政時代の

史料を探すためです。

幸い、ここは郷土資料がたいへん豊富で、藩の分限帳や系図集もそろっています。それらと「2せき」調査でわかった先祖とを照合していきました。

こうした〝下調べ〟をちゃんとして行かないと、先祖にはたどりつけません。なぜなら、宮家といっても幕末時点で本家分家あわせて十を超える家があって、単に名字からだけでは、自分がどこの家（分家）に連なっているのか、わからないのです。

宮家ばかりではなく、南部藩の系図集を見ると、江戸の初期から家臣だった家では、幕末時点でだいたい十程度の本分家があります。二五〇年ぐらいの年月がたてば、家系もそれくらい枝分かれするということなのでしょう。全国的に見ても、同じくらいになるのではないでしょうか。農家や商家でもです。

幸い、私は墓石調査からわかったもっとも古い先祖と藩の持つ家系図をつなげることができました。これにより、いっきに戦国末期までさかのぼることができたのです。

そこでわかった戦国末期から江戸時代はじめ頃の先祖が、宮十郎左衛門友行という人です。戦国末期に南部家に仕官、雫石の郡代などを務めた、と記録に残っています。自分はその一五代目の子孫にあたります（ただし、末の分家筋です）。

この調査を始める前まで、ひいおじいさんの名前すら知らなかった人間です。ここまでさかのぼることができるとは、夢にも思っていませんでした。本当にびっくりです。

ただ、知れば知ったで、さらに新しい謎に直面することになります。

藩の史料には、家臣の由緒について書かれたものがあります。そこに宮十郎左衛門友行について、

「宇都宮公綱の子孫で、仕官の際に宮へ改姓した」

と記載されていたのです。

ここでまたびっくりさせられたのが、自分の名字が本当は「宇都宮」だったということです。生まれてから半世紀、ずっと宮姓で生きてきたのに、急に、

「おまえの本当の名字は宇都宮なんだよ」

と、なにか出生の秘密でも先祖から明かされたような気がして、ちょっと複雑な気持ちになりました。

後になって思えばという話ですが、我が家の家紋は左三つ巴。神社のちょうちんや幕によく見られる、おたまじゃくしが三匹、渦を巻いているような紋です。

この左三つ巴を家紋とする代表的な家が宇都宮氏でした。

このように、先祖をたどる際には、家紋も重要な手がかりになります。

戦乱が続いたため、史料に乏しい

しかし、しばらくして冷静になって考えてみると、です。

宇都宮氏は平安末期から戦国末期まで今の栃木県一帯を治めた一族。一方、戦国末期に南部家に使えた宮十郎左衛門友行がいたのは、当時、南部家の本拠城があった青森県の三戸でした。

そのため、

(どうやったら、栃木県の宇都宮と青森県の三戸がつながるのだろう)

と思うようになりました。武家でよく見られる、それらしき家系を私称しているだけではないのか、という疑問がわいてきたのです。

そこで、このふたつの点を結ぶ推理を進めていくことになります。

まず宇都宮公綱について調べました。わかったことは以下の通りです。

・宇都宮家第九代目当主で鎌倉幕府の評定衆を務めた
・あの楠木正成が「関東に宇都宮あり」と言って恐れた
・幕府崩壊後は南朝方につき、その有力武将として全国を転戦した
・子の氏綱が北朝方について対立、実権をうばわれて晩年の動静は不明

南北朝時代、『太平記』の世界の人ですね。また、宇都宮家内部でも南朝、北朝に分裂しており、公綱は南朝方についた武将ということです。

南北朝の頃とわかって、今度はその時代の青森県や岩手県など陸奥の状況を調べてみました。

そうすると、この地と南朝方のつながりが見えてきました。

南朝方の大将格だった北畠顕家が実はこの地を基盤としており、やはり南朝方の有力勢力で三戸一帯を治めていた南部家とともに、陸奥は南朝方の有力な地盤、いわばラストリゾートだったのです。

このようにして、次第にふたつの点の結びつきが見えてきたところで、さらに有力な手がかりを得ることになりました。

先祖調査の一環から、盛岡で一族の方とお会いした際のことです。私は

「栃木の宇都宮が、どのようにして三戸にたどりついたのでしょう?」

とたずねてみました。

犯罪ドラマでメモを取りながら聞き込みをする探偵の姿をイメージしてみてください。ちょうどあんな感じです。

すると、その方から、

「長慶天皇の従者として三戸にやってきたという伝承が一族の中にはあって、以前、有志でゆかりの寺を調べに行ったことがあります。ただ、残念ながら証拠となるような事実は発見できませんでした」

と教えていただきました。

ここでまた新たな重要人物が登場しました。長慶天皇です。

私は平均以上には日本史を知っているつもりですが、正直、長慶天皇とはこの時、初めて聞きました。少なくとも教科書には絶対に出てこない天皇です。

そこで、長慶天皇について調べてみると、

・後醍醐天皇、後村上天皇に続く南朝三代目の天皇
・南朝方が劣勢に立たされる中で、最後まで徹底抗戦の姿勢を貫いた
・南朝方への支持を得るべく、潜幸したとの伝承が全国各地に残る

あまりに史料に乏しいことから、宮内省（当時）から在位認定されたのが大正時代になってからというくらい謎に包まれた存在で、逆に謎が多いということで、知る人ぞ知る

天皇でもあるようです。

これらの事実を総合して考えれば、南朝方についていた宇都宮公綱の子が長慶天皇の従者として三戸にやってきた、という話があってもおかしくはありません。

しかし、逆に、確たる証拠もありません。

頼みの南部家も、一五四〇年頃に当時の本拠城が火災にあったことから、それまでの古文書のほとんどを焼失しているため、それより前の史料は極端に少なくなります。

全国的に見ても、戦国時代より前にさかのぼろうとすると、戦乱が続いた時代があったため、史料が乏しくなり、先祖探しはかなり苦戦することになるようです。

歴史はとってもミステリアス

話としてはなくはない、という我が家（一族）の伝承ですが、できれば、推理を補足する材料がもう少し欲しいところです。

そこで私が目を付けたのが、通字でした。

宇都宮家の通字が「綱」の字であることは有名です。源頼朝の時代にその基盤を確立した三代朝綱以降、ずっと歴代の当主は、名前の下の方の字に「綱」を使ってきました。戦国末期、大名としての最後の当主も国綱でした。

実際、江戸時代の宮家でも綱の字を通字としていました。この点では、宇都宮家と同じです。

ただ、綱とともに「友」の字も通字としていて、綱系と友系の二系統の家系に分かれていたのです。

(綱はわかるけれど、なんで友の字を通字としているんだ)

という点が謎でした。

「友と綱、友と綱、なんでだろう……」

私は数日間、そうブツブツ言いながら、部屋の中をうろうろ歩き回ったり、喫茶店でコーヒーを飲みながらボーッとしたりして、あれこれ考えてみましたが、さっぱり理由がわかりません。

と、数日後、部屋のデスクに戻って、ドカッとイスにかけたとたん、デスクの脇に置いてあった資料が目に留まりました。

宇都宮家に関する資料だったのですが、そこに印刷されていた宇都宮家の実質初代と言われる宇都宮朝綱の肖像画と〝目があった〟のです。こちらをジロッとにらんでいたような気がしました。

その時、謎がスーッと解けました。

「んっ、あっ、朝綱だ！」

種明かしをするようですが、朝綱と書いて「ともつな」と読みます。

朝と友。漢字が違っていたので気がつかなかったのですが、音で読めば同じ「とも」です。昔は人名を字としてよりも、音で把握していることが多かったため、途中で間違って字が変わってしまうことがままあったようです。きっとそういうことなのでしょう。

といった仮説のもと、宇都宮家の通字について改めて詳しく調べてみると、鎌倉時代には「綱」とともに「朝」の字も使っていたのですが、室町時代以降は一族の結束を固めるという意味合いから「綱」の字に一本化されていったという経緯があるようです。

とすれば、南北朝の時代に分かれたとされる陸奥の宮一族の場合、鎌倉時代の宇都宮家の用法がそのまま残ったと解釈すれば、話の整合性がとれます。

それにしても、朝綱さんも自分の周りを「ともとつな、ともとつな」と呪文を唱えるように言われながらうろうろされて、イライラしたんでしょうね。

「ばかもん！　ここにいるわしが目に入らんのか」

と世話の焼ける子孫にテレパシーを送ったのかもしれません。

最後に付け加えておくと、一族の中には歴史好きが多くて、そもそも宇都宮家との関わりについて異論を唱える方もいます。

ただ、異論を唱えるといっても、けんかしているわけではなく、自分なりの仮説を立てて、歴史ミステリーをそれぞれが楽しんでいるといった風です。実際にこんな楽しみ方もあるんだということを、家族史を調べていく過程で発見した次第です。

図8◉“目があった”とたんに謎が解けた
――宇都宮朝綱像

源頼朝の時代に宇都宮氏の基盤を固めた三代朝綱像（『集古十種』より）。ジロッとにらまれていたような気がして、重大な事実に気づく。一般的には、戦国時代より前ともなると、先祖探しはかなり苦戦する。

こう読んで来られればわかると思いますが、先祖探しはもう歴史ミステリーを追う探偵のようなもの。

推理と証拠探しの連続です。

時間はかかりますが、歴史好きな方なら大変おもしろいテーマだと思います。

それにしても、歴史って本当にミステリアスですね。

第5章◉編集方針を立てる

——どのような家伝記にしたいのか考えてみる

先祖の経験を今に生かすために

「記録第一」なんだけど……

ある程度、先祖を把握できたら、いよいよ家族史の核となる「家伝記」の調査に入ります。その際、まず、どのような家伝記にしたいのか、基本的な方針を立てましょう。それらしく言うと、「編集方針」です。

一口に「家伝記」と言っても、作る人の考え方次第で、仕上がりは大きく違ってきます。いったい自分がどのような家伝記にしたいのかを、ここで考えてみましょう。

私の場合、まず考えたのは、「家族史である以上、昔の話を記録することが第一なのだけれど、過去を振り返るばかりのものではなく、前を向いたものにしたい」ということでした。

家伝記は家族にとっての公式記録のようなもので、「基本情報を正確に記録すること」が求められます。先祖の生年月日や父母、学歴、職歴、婚姻関係、死亡年月日、戒名などその人にとっての基本情報はまず不可欠です。

ただ、そのレベルに留めていれば、それは単なる過去の歴史です。それを知ったところで、だから何なんだ、ということになってしまいます。

しかし、時代は変われど、人間のやること、考えることは、今後もそうは変わらないでしょう。表面的な事績はどんどん古くなりますが、人間の本質的な話まで落とし込んでおけば、将来、どこかで先祖の経験が役に立つこともあるでしょう。

そういうものにしたいと思いました。

そのためには、単に昔の事績を記録することに終始するのではなく、先祖の考え方や大きな問題に直面した時の判断の背景、あるいは子孫に対する思いのようなものが伝わるようにする必要があります。

子孫に対する思いという意味では、家訓があります。

NHKの『ファミリーヒストリー』で、タレントの出川哲朗さんが登場したことがありました。出川さんの実家は横浜にある老舗の海苔問屋で、家には祖父の遺した、このような家訓があるそうです。


いつまでもあると思うな親と金、ないと思うな運と災難

これは一般にも知られた格言です。

シンプルですが、今の時代どころか、将来まで通用するような考え方でしょう。

実際に番組の中で紹介されていたのですが、出川家の家族史を振り返れば、山あり谷あり、いいことも悪いことも様々なことがあったようです。それらを経験した先祖が遺した言葉には重みがあります。

こういう話を後世に伝えることは大切なことだと思います。家訓とまではいかなくとも、それらしき逸話、あるいはおじいちゃんやおばあちゃんがよく口にしていた口癖の中に、大切な教訓があるかもしれません。

こうした人くさい部分を合わせて伝えていくことは、時代を超えて役立ちます。そんな家伝記にしたいとまず考えました。

こういう基本方針を立てた後、さらに落とし込んで具体的な方針を考えていきます。私は次表のような四つの方針を立てました。

もちろん、各ご家庭なりのスタイルでまとめてもらえればいい話です。あくまで、ひとつのたたき台としてご覧いただいて、自分ならこうしたいなあ、などとイメージを膨らませてみてください。

表◉家伝記の編集方針例
――どのような家伝記にしたいのか、「思い」を書いてみる

基本方針	前を向いた家伝記にする	家伝記には記録性が求められるので、事実関係の記載に努めるものの、一歩掘り下げて、先祖の考え方や判断や思いがわかる内容にする
具体的な方針	男女平等、人柄重視	維新後は男女ともに紹介、ひとりひとりの人柄がわかる内容に。入籍前の実家もできるだけ紹介
	イベント深掘り	明治維新、戦争、震災など歴史の大きな節目での家族の対応を詳しく。改姓や移住も。転機にこそ先祖の考え方が表れる。
	菩提寺と墓所の把握	子孫のための墓参りガイドブックに。人物紹介には菩提寺もわかる限り記載。菩提寺名はもちろん、寺内の墓所の位置まで書き記す。
	史料の把握とデジタル化	古い史料、写真の保存のあり方を考えてデジタル化。写真はデジタルリマスター版を作る。逆に不要な写真は処分。

人柄重視なら昔の女性でも語るべき事は多い

具体的な家伝記づくりの方針として、私がまずあげたのが、「男女平等・人柄重視」でした。

昔の家系図や家伝記は、男性中心に作られていて、女性に関する記述は少ないイメージがあります。

珍しい例としては、幕末に井伊大老を出した井伊家の家伝記『井伊家伝記』に取り上げられている井伊直虎がいます。

直虎と男らしい名前が付いていますが、戦国時代を生きた女性当主です。

今川家や徳川家、武田家といった戦国大名がひしめく中、小領主だった井伊家の存続に尽力した人ですが、これなど例外中の例外と言えるでしょう。

これは戦前までは女性が社会進出する例が少なかったということに起因しているのでしょう。社会的な肩書きなどほとんどなかったはずで、そうすると、肩書き中心に書かれているような家伝記では、語るべき事がないということになってしまいます。

しかし、今後は変わっていくでしょう。

また、社会進出とまでは言えなくとも、商家などでは、おかみの存在感が非常に大きかったようです。繁盛店には必ずといっていいほど、名物おかみがいる、と言って、賛同していただける商家の方は多いのではないでしょうか。

東京のある老舗商店の社長にそう話したところ、うんうんとうなずかれて、「自分の祖母がまさにそうだった」と昔話をしてくれたことがあります。その方（おかみ）は厚さ数センチにもなる顧客名簿の電話番号をすべて暗唱できたそうです。

実は、うちもそうでした。

明治維新後、我が家は盛岡市内で筆屋を始めました。戦時中まで三代続いたのですが、この筆屋を明治中期以降、切り盛りしていたおかみが曽祖母のサキでした。多くの子を育てつつ、筆作りに専念する夫を助け、自分は店での接客や対外交渉をしていたそうです。かなりのやり手で、盛岡選出の政治家で総理大臣となった原敬とも直談判して、息子を書生にする話を決めてくるような人だったそうです。これが実話かどうかはわかりませんが、少なくとも親族間では、こうした話があったとしても、「さもありなん」と思われているような人で、女性ながら、当家（江戸後期の分家後）においては、中興の祖といった位置づけになっているスーパーウーマンです。

戦前の女性なので、社会的な事績という点では記録に残るようなものはないのですが、家の中で大きな役割を果たしたことは確かです。

こういう女性は各ご家庭で少なからずいらっしゃったと思われます。人柄重視という方針でいけば、その方の生前のエピソードはたくさんあるはずです。それを書き記していけばいいのです。

逆にこういう人を社会的な肩書きがないから、と落としてしまっては、もったいないですね。

嫁の実家を知ることで、当時の家同士の関係がわかる

男女平等という観点には、嫁に来た女性（あるいはムコとして来た男性）の実家についても書いておくという意味合いも含まれています。

この点についても、昔の家系図や家伝記について考えれば、あまり記述されていないよ

うなイメージがあります。

ただ、どうでしょう。現状、皆さんのご家庭でお嫁さんの実家の影響がどれほどあるかないか。

さほどないかもしれませんが、まったくないというわけはないでしょう。むしろ大いに有りだ、という方も少なくないのではないでしょうか。だとしたら、後世のために書き残しておきましょう。

実際、我が家でも戦前は、先にご紹介した曽祖母のサキの実家である下山家の影響が大きかったようです。おじやおばたちに聞いても、「下山家の人たちには世話になったんだ」と口をそろえます。親族代表という形でなにかをやってもらう際には、いつも下山家の方にお願いしていたそうです。

下山家の影響の大きさは、自分で史実を調べた際にも感じました。

サキの子、つまり私の祖父の兄弟たちの名前なのですが、江戸時代の宮家の名付け方とはまったく違っていて、「あれっ、おかしいな」と思ってよくよく調べてみたら、下山家の典型的な名付け方だったのです。

前章で通字について述べましたが、少なくとも戦前までは、家によってよく使われる字や、名付け方の癖のようなものがありました。

下山家は江戸時代、岩間《いわま》と名乗っていて、通字としては「政」の字を多用しました。それが祖父の兄弟の名にも使われているのです。ということは、名付け親は下山家サイドの人間だったということがわかってきます。

そうなると、逆に宮家との関係（より具体的には、当家は江戸後期にそれまでの家から分かれているので、元の家との関係ということになります）はどうだったんだと考え始めます。

と思って、そのあたりを注意して調べてみると、元の家では幕末に不幸が相次ぎ、年長者、しかも、男性がいなくなって、極めて若いおムコさんを迎えて何とか存続しているような状況だったのです。

そのため、人的なつながりとしては、明治の初め頃にはすでに疎遠になっていたようです。とても名付け親をお願いできるような関係ではなかったのでしょう。

さらに言えば、そのような人物が当時の宮家サイドにはいなかったのです。

そんなこんなの家の置かれていた状況が見えてくるのも、嫁方の実家を知ったればこそです。

また、昔は親が結婚相手を見つけてくるものだったので、嫁方の実家を調べるということは、すなわち、その時代にどのような家同士のつきあいがあったのかが見えてくることにもなります。

そういう意味からも、家族史を調べる際には、入籍してきた方の実家もあわせて調べてみてはいかがでしょうか。

転機にこそ先祖の考え方や思いが見えてくる

具体的な方針のふたつめに掲げたのが、「イベント深掘り」です。

ここでのイベントにはふたつの意味があって、ひとつは社会的なイベント、もうひとつが家族のイベントです。こうしたイベント（出来事）については、意識的に詳しく調査して、記録していこうという意味です。

社会的なイベントとは、明治維新、太平洋戦争、震災（ご家庭によって、関東大震災だったり、阪神淡路大震災だったり、東日本大震災だったり、とそれぞれ違うと思います）といった日本史上に残る出来事を指します。

よくドラマで明治維新や太平洋戦争の時代は取り上げられますが、それを見て、「うちはどうだったんだろう」と思ったことはありませんか。

太平洋戦争では、実際に戦地に出征された先祖や親族を持つ方がほとんどだと思いますが、その方がどこでどのような作戦や任務に当たっていたんだろう、とか、残された家族はどう過ごしていたのだろうなどと考え始めると、いろいろ興味は尽きないと思います。こうした部分については、とくに掘り下げて、できるだけ詳しく書き残したいと考えました。

一方、家族のイベントとは、家庭の中で大きな転機となった出来事のことで、移住だとか、改姓したとか、職業の選択をした際のことなどです。

たとえば、現在、北海道にお住まいの方の多くは、明治維新後のどこかのタイミングで本州などから移住してきた先祖を持つわけですが、具体的にいつ、どこから、どのような理由あるいは思いを持って移住してきたのだろう、ということを知っておくことは、今を生きる家族にとって大切な情報になると思います。そこはしっかりと家族史に記録しておくべきでしょう。

転機での判断というのは、その人なりの考え方が出るものです。詳しく調べていく中で、判断の底流にある先祖の思いや考え方が伝わってくることが多いので、それが伝わるようにしておきたいですね。

我が家では、家族史上に残る親子ゲンカがありました。子どもの進路を巡る曽祖母と祖父との親子ゲンカでした。

私のおじがちょうど戦時中に高校を卒業するという段になって、当然、家族の中でその進路についての話になりました。

おじは、親族の私が言うのも何ですが、非常に優秀な人で、当時のエリートコースと言われた陸軍士官学校にパスしました。

ところが、ここで曽祖母のサキが待ったをかけました。実は、ちょうどその少し前に、家業である筆屋を継いでいた大おじ（祖父の兄に当たる人です）の一人娘の方が結核で突然、亡くなったのです。

曽祖母や大おじとしては、彼女にムコを取って家業を継がせようと考えていたのでしょうが、急に亡くなったことで、跡取りをどうするかという問題が浮上したのです。それで白羽の矢が立ったのが、優秀だったおじでした。

そこから、跡を継がせたい曽祖母と、陸士に行かせたい祖父との間で親子ゲンカが始まります。さらに、祖母の実家も曽祖母に同調して「優秀な子には家業を継がせろ」ということになり、祖父に対する包囲網ができました。

それでも祖父は頑として譲らず、結果的に、おじは陸士に進むことになったのですが、一方で、跡取りのメドがつかなくなった家業の筆屋は、その後まもなくして三代目が病死したこともあって、廃業してしまいました。

この話は、東北の小さな一家庭で起きたことで、社会史上どうこうという話ではありません。が、我が家の歴史としては、大きな転換点となった話です。結果いかんでは、おじばかりか、その弟に当たる私の父親の運命も玉突きで変わっていたはずで、そうすると、私自身の人生まで変わっていたかもしれません。

また、この話からは先祖の持つ考え方、あるいは価値観のようなものが伝わってきます。戦時中のことですから、陸士に進むということは社会的なエリートコースに乗ることを意味したでしょう。しかし曽祖母やそれに同調した祖母の実家の父親（私から見れば曽祖父）からすれば、それよりも家業の方が大切だという価値観を持っていたことがわかります。明治のそれも前半に生まれた人たちです。

このように家族史上の転換点となったような出来事（イベント）を調べていくといろいろなことが見えてきます。意識して記録に残すことをお勧めします。

百年後の子孫を思い、今やるべきことをやる

家伝記はある種の「お墓参りハンドブック」

具体的な方針の三つめは、「菩提寺と墓所の把握」です。

家伝記は、子孫からすれば、ある種の「お墓参りハンドブック」になるのではないでしょ

うか。つまり、遠い先祖の人となりを知り、「じゃあ、たまにはお墓参りに行こう」となるような本です。

そのためには、先祖の記録をつける際、菩提寺と墓所についても、わかる限り記載するべきでしょう。

あるテレビ番組で、日系の外国人の方が祖母の実家の墓参りをしたいということで来日、実際に墓参りをするまでに密着していました。

最初は、その方の持っている情報が、祖母の名前と出身地ぐらいしかなくて、かなり苦戦したのですが、番組スタッフにも助けられながら、最後には菩提寺までたどり着くことができ、無事お墓参りできてハッピーエンドとなりました。

私はそれを見つつ、「そうだよな。これからはそういう時代になっていくんだよな」と思いました。

人間の移動がかなり広範囲になって、国際結婚も多くなってきました。国際結婚とまでは言わなくとも、子どもがどこで生きて、どこで死んでいくかは読めません。さらにその子となるとさっぱり見当がつかない時代となりました。

逆に子孫の側から見れば、数代さかのぼった先祖がどこで眠っているのか、さっぱりわからないということにもなるのでしょう。

と考えれば、家伝記の持つ意味合いのひとつに、「(古い先祖の)お墓参りハンドブック」があるのではないでしょうか。とすれば、菩提寺の記載は不可欠です。

その際、菩提寺名はもちろん、寺内の墓所の位置まで書いておかれることをお勧めします。

私の経験なのですが、江戸時代の先祖の菩提寺がわかったまでは良かったのですが、いざそのお寺に行ってみると、当たり前ですが、お墓だらけで、お目当ての先祖のお墓を見つけることができませんでした。

お寺の方に聞いても、個別の墓がどこにあるかまでは把握していない、ということで、探し当てることはできませんでした(もちろん、お寺によってはきちんと管理されているところも多いと思いますが、なにせ何百年も続いている古刹のことです)。

私の場合は幸い、後日、一族の方に同行してもらって、たどり着くことができたのですが、少なくとも独力でたどり着くことはできなかったと思います。

ですので、家伝記には菩提寺名はもちろん、そのお寺の中で墓所の具体的な位置がわかるような説明や地図をつけるところまでされることをお勧めします。

皆さん、考えてみてください。仮に皆さんのお孫さんが国際結婚をして海外に住むようになったとしましょう。

その子孫が一世紀後、二世紀後に先祖のお墓参りをしたいと来日して、実際にお寺まで来たはいいが、具体的なお墓の位置がわからずに、墓前で手を合わせることができず、無念の帰国といった状況になったとしたら、先祖としても申し訳ない気持ちになるでしょう。

そうならないための予防措置です。

古い写真はこの際デジタル化

四つめの方針として掲げたのが、「史料の把握とデジタル化」です。

皆さんのご家庭では先祖の遺品類をどのように保管しているか、把握されているでしょうか。もちろん、自分の家にある分は把握しているかもしれませんが、親族の家にはまた別の遺品があるかもしれません。

その分も含めて、できるだけ先祖の遺品や史料はまとめて把握しておきたいものです。

遺品のうちには、写真も入れることができます。家族にとって先祖の写真は宝とも言えるものでしょう。

しかし、写真の管理はちゃんとできているでしょうか。戦前の貴重な写真がぼろぼろになっていませんか。

逆に戦後の写真はたくさんあるでしょうが、大量のアルバムがタンスの奥の方にしまってあるだけで、たくさんあるが故に「どうしよう」ということにはなっていませんか。

戦後にカメラが家庭用として普及したことで、家族の写真は大量に残されることになりましたが、今後、代を重ねていくうちに、今度はどれだけ写真の山が残るのだろうという問題に直面する時代にもなりました。

それをこのあたりで整理する時期に入ってきたのではないでしょうか。家族史をまとめるのをいい機会として、残すべき写真と捨てる写真の仕分けをしてはどうでしょう。

また、紙の写真は時間が経つと変色したり、折れたり、破れたりしてしまいます。長期にわたる保管という観点からすれば、デジタルデータにしておいた方がいいと思います(くわしくは一七九頁参照)。こうしておけば、仮に子孫が増えた際でも、複製は容易です。

こうした考え方に基づいての、「史料の把握とデジタル化」です。

最後には、配布の対象を決めて、家伝記をどう仕上げるかイメージしましょう。

配布の対象を決めることは、情報の公開範囲を決めることにもなります。

今は情報公開のあり方がやかましくなってきました。特に家伝記の基礎的な情報は戸籍に基づいています。となれば、家伝記は戸籍情報のかたまりとも言えますから、その扱いには慎重にならざるを得ないでしょう。

また公開範囲を決めることで、成果物の仕上げ方をイメージできるようになります。

私の場合は、配布範囲は親族、厳密に言えば、今でも親戚づきあいのある親の兄弟たちとしました。

そうすると、家伝記の必要部数がわかってきます。一〇部にもなりませんから、わざわざ製本するまでもないだろうという発想になります。家庭用のプリンターで印刷し、市販のファイルでとじる形で製作しました。

同時に文章と写真のデータをCDに収録して、配布することにしました。こうしておけば、もし足りないとなれば、各自プリントアウトすればいいわけです。

以上、私なりに考えた家伝記の編集方針を中心にご説明しましたが、これは私なりの編集方針です。

あくまで皆さんに考えていただくためのたたき台ですから、「我が家ではこうしたい」「ああしたい」などと、いろいろ思い巡らせてみてください。

第6章◉軍隊経験の調べ方

――貴重な体験を後世に残すために

実は、詳細な記録が残っている

最初に、「兵籍簿」＝兵隊さんの戸籍を取得する

先祖の戦争体験を調べる上で、なにはともあれ、やっておきたいことがあります。それは「兵籍簿」（の写しや情報など）の取得です。

兵籍簿とは、いわば、軍人としての戸籍です。戦前・戦中に徴兵されて戦争に行った経験を持つ方が、いつからいつまで、どこの部隊に所属し、どのような作戦に従事したのか（どこにいたのか）が記されています。

これを現在、陸軍のものは都道府県が、海軍については厚生労働省が保管しており、直系の子孫であれば、閲覧、取得することができます。

私の場合、祖父については「戦争で中国に行った」とおばたちから聞いてはいたのですが、具体的にいつ、どこの師団に所属して、何をやっていたのかと聞いても、おばたちも「詳しい話はわからない」といった風でした。戦後七十年経って戦争の記憶が薄れる中、大方のご家庭ではこのような感じではないでしょうか。

ところが、実際に岩手県庁から兵籍簿を取得してみると、想像以上に詳細な記録である

ことにまず驚かされました。いつどこの部隊に入隊したかはもちろん、各地をどう転戦したかまで記載されています。中には、何月何日から何日までどこそこの野戦病院に入院した、とまで書かれていて、こちらが「本当かな？」と思ってしまったほどです。

結局、兵籍簿からわかった事実は、親族が「戦争で中国に行った」と言っていたのは、太平洋戦争ではなく、その前に起きた日中戦争だったこと。さらに具体的には、昭和一二年八月に弘前を拠点とする陸軍の歩兵第五二連隊に入隊し、その後、北京で北支方面軍の管轄となって、中国北部を転戦したこと、でした。ここでは記しませんが、具体的に中国のローカルな地名がたくさん出てきます。

ただ「戦争で中国に行った」と言われても、あまりピンと来ませんが、これだけわかってくると、かなり話に現実味かつ重みが増します。家伝記に戦争体験は欠かせません。それを書くためには、兵籍簿が重要な史料となるのです。

陸軍なら都道府県庁へ、海軍なら厚生労働省へ請求

役所に兵籍簿の写しを請求することを、一般的に「軍歴照会をする」と言います。照会先は、陸軍なら都道府県庁、海軍については厚生労働省となります。

いずれもおおもとの情報元は兵籍簿ですが、そのものの写し（コピー）ではなく、一部

情報を整理、抜粋したものを「軍歴照明書」として発行する自治体もあるようで、対応の仕方がやや異なるようです。

まず海軍ですが、海軍は厚生労働省が一括して受け付けています。同省まで直接電話でお問い合わせいただくのがいいでしょう。

次に陸軍ですが、こちらは都道府県庁が照会先となります。

東京都を例に取ってみていきましょう。

東京都の場合は、兵籍簿そのもののコピーを交付する形式ではなく、一部情報を抜粋した「軍歴証明書」を発行しています。

交付の際の申請目的について、インターネットで都のサイトを見ると、例として次の三つがあげられています。

・退職共済年金・厚生年金・特例老齢年金に係る履歴の通算
・叙位叙勲の推薦申請に係る履歴の作成・証明
・旧軍人または遺族が記録として保管

今回は家族史をまとめる一環としての請求となりますから、三番目の「旧軍人または遺族が記録として保管」に該当するでしょう。

さらに、詳しい請求方法については、「目的等により、請求の方法が異なる場合がありますので、ご希望の方は事前に電話等でご相談ください」とあります。

陸軍の場合、注意すべきは、どこの都道府県庁に照会するかです。

兵籍簿は、ご本人が復員した際に本籍のあった都道府県に保管されています。たとえば、新潟に復員してきた後、東京に出て、最後は東京で亡くなったという方の場合は、新潟県庁に照会することになります。

ですので、ご本人が復員してきた際の本籍地を知る必要があります。ただこれは、家系図を作成する際に古い戸籍を取得していれば、わかるはずです。

次に請求する資格者ですが、三親等以内の親族である場合が一般的です。具体的には、請求する方から見て、父、祖父、曽祖父、おじ（場合による）にあたる方の軍歴照会が可能というわけです。

軍歴照会は行政側にとっては恩給や年金の支給に関わる業務といった側面が強く（実際、東京都でも軍歴証明の交付目的の第一に挙げられているのは、「退職共済年金・厚生年金・特例老齢年金に係る履歴の通算」で、「旧軍人または遺族が記録として保管」は最後に付け足しのようになっています）、必ずしも市民側が家伝記を作成するために保管しているわけではありません。いつ請求できなくなってもおかしくはないので、思い立ったが吉日で早めに請求しておいた方がいいでしょう。

図書館で所属部隊の情報を手に入れる

軍歴照会で、先祖の具体的な軍歴を知ることができたら、次は所属部隊に関する情報を集めましょう。

これに関しては、多くの部隊について、当時の作戦内容などを記録した隊の正史とも言えるような本が刊行されています。また、部隊ごとの戦友会があって、会員が当時を回想した「証言集」のようなものも少なくありません。

これらは国立国会図書館や都道府県立の公共図書館などに所蔵されています。

ちなみに国会図書館といっても、国会議員だけが利用できるといったものではなく、一八歳以上であればどなたでも利用できます。国内で発行された書籍や新聞、雑誌類のほとんどすべてを収蔵しており、調べ物をするには非常に助かります。

また、陸軍については、召集が地域ごとに行われていた関係で、「郷土部隊」とも言われていました。そのため、都道府県立図書館の郷土資料のコーナーに行けば、その地域の郷土部隊に関する資料がかなり収集されているはずです。

祖父が日中戦争時に所属した陸軍の歩兵第五二連隊に関しては、岩手県立図書館で見つけた本に、『郷土兵団物語』（松本政治著、岩手日報社刊）がありました。最初の本が一九六三年に、新編が一一年後の一九七四年に発行されています。

地元紙の岩手日報に戦後、連載されていたコラムを一冊にしたもので、同紙の記者だった松本氏が史料を収集したり、生存者の声を集める形でまとめられています。

同じような本が、各都道府県、郷土部隊ごとにあるはずなので、図書館の郷土資料のコーナーを探してみてください。

軍歴だけを見ていても、戦後生まれの人間には何が何だかさっぱりわからない、というのが最初の段階での印象だと思います。

しかし、部隊に関する資料を読んでいくうちに、先祖の体験した風景のようなものがイメージできるようになると思います。

実は、私の祖父の場合、日中戦争は二度目の軍歴で、最初は大正末期、近衛歩兵第三連隊に所属していました。いわゆる「近衛兵」です。こちらの方がわかりやすいので、こちらで説明していきましょう。

近衛歩兵第三連隊については、『近衛歩兵第三連隊史』（近歩三史刊行委員会編、一九八五年刊）が、東京の国立国会図書館に所蔵されています。最初は、近衛兵と言われても、戦後生まれの私には何もわからなかったのですが、これを読んでいくうちに様々なことがわかってきました。

近衛兵は全国から選抜され、通常は東京で主に皇居の警備に当たっており、郷土部隊といわれた他の部隊とは編制上、性格が異なっていました。天皇臨席の国家的な式典で護衛にも当たる関係上、軍服のデザインも特別だったようです。

祖父の兵籍簿を見ると、大正一二年春に「天皇皇后両陛下の葉山御用邸滞在中、出張して儀仗衛兵を務めた」とあります。

連隊史を読むと、ご用邸における警護も主たる任務と明記されているので、現実にそういった任務をしていたということがわかります。

さらに、兵籍簿には、その年の九月二日から一一月一五日まで「戒厳地域内に於いて戒厳に関する勤務に従事す」と記載されていました。これを連隊史と突き合わせると、九月一日に起きた関東大震災の翌日、東京に戒厳令が敷かれ、一一月まで隊として治安維持や復興支援活動に従事した、と書かれています。東京は二分され、北東方面を近衛師団、南西方面を在京郷土師団が担当したようです。

さらに、同連隊史には、震災時の部隊の対応について、こう記述されています。

「此夜（地震当日）米国、独逸両大使館、白国公使館、司法、農商務、海軍、逓信の四省、首相官邸へ半小隊派遣して警備し、又一方営門（連隊本部）前に平釜一四個を並べて炊事を行い収容した罹災者に分配した」

「翌二日余震尚やまず、通信機関皆杜絶した為に流言蜚語が飛び、殊に夜に入り、不穏分子暴行の報が頻々と至る為、営内に避難せんと群衆暗中に殺到し悽愴を極めた。仍て直ちに浴場、各工場、面会所等を開放し収容した」

東日本大震災時、復興支援に当たった自衛隊員の様子がテレビでもよく報じられましたが、同じようなことを二十歳そこそこだった祖父は関東大震災時にやっていたということですね。

このようにして、先祖の軍歴と実際の所属部隊の当時の行動を突き合わせて見ていくと、具体的な活動内容がわかってきます。

何より貴重な体験者の証言

隊員の証言を探す、ゆかりの地を歩いてみる

さらに、当時の隊員たちの証言を読むとより具体的なイメージを持つことができます。

家族史に残すための情報集めですから、隊が社会史的あるいは戦史的にみてどうこうという話は二の次でいいでしょう。それよりも、先祖がどのような体験をしたかが家族史としてはより重要です。それを知るには、同じ部隊の同僚だった方の証言が貴重な手がかりとなります。

先にご紹介した『近衛歩兵第三連隊史』では、便利なことに、隊の正史的な記録が網羅されている一方で、当時の隊員たちが証言を寄せている部分もありました。

その関東大震災に関する部分を注意深く読んでいくと、

「時は大正一二年九月一日、旅団長閣下の初年度巡視が予定通り行われ営庭に南面して一線に整列、軍装検査、分列行進も型通り終了した。（中略）一一時五八分グラッと一ゆれで松の根元につかまって巡視終わり。煉瓦兵舎の瓦の波が見る間に滝の如く落下する様はその場におった人しか判らない」

「今も目に浮かぶ一駒、それは戸板にのせた産婦を収容したことである。亡くなった方も一人あった。連隊の炊事場は旅団門前の路上に設置され水は三分坂下の寺から運ぶ」

「夜に入り市中の火災が、締め切ってある三階の窓に映り、連隊長が、停電中であるのも忘れ、兵舎の灯火を消すよう指示された程、冷静を失っておられた」

といった現場にいた人ならではの証言を見つけることができました。

これらはすべて実際に当事者として見た光景の話なので、読んだ側にも視覚的なイメージがわいてきます。

さらに、可能であれば、ゆかりの地に足を運んでみることをお勧めします。現地をブラブラ歩いてみれば、きっと新しい発見もあるでしょう。

「近衛歩兵第三連隊があった場所は今、どうなっているんだろう」

と思って調べてみると、なんと、赤坂のＴＢＳ（東京放送）でした。

連隊史に載っていた隊の本部内配置図で敷地の形を見ると、現在のＴＢＳから赤坂サカスのあるあたりにほぼ符合します。建物は変わっても、敷地の東西南北からの出入り口は当時のままと言ってもいいくらいです。

先の証言の中に、「連隊の炊事場は旅団門前の路上に設置され水は三分坂下の寺から運ぶ」というくだりがありましたが、ここでの旅団門前とは三分坂を上り切った曲がり角にあった門のことです。今、このあたり（ＴＢＳ南西側）は公園になっていますが、ここに旅団司令部が置かれていました。

また、ＴＢＳの西側には車両などが入っていけるゲートがありますが、同じ場所に昔の連隊の表門があったようです。

証言については、場所に関する記述も見られます。

「赤坂の台上にそびえ立った赤煉瓦の兵舎を囲んで爛漫と咲き誇った見事な桜は、隊外からも望見でき、また散り始めて風に舞う花吹雪は今もなお私の忘れ得ぬ思い出であります。(中略)これが〝桜の近歩三〟と言われたゆえんであります」

「近歩三」とは、近衛歩兵第三連隊の略称です。当時は〝桜の近歩三〟と呼ばれていたんですね。

私もTBSのあたりには何度も行ったことがありますが、たしかに春には桜の花が咲いていた記憶があります。同じ木ではないでしょうが、昔の面影を残そうということで再開発の際にも意識的に桜の木を植えたのかもしれません。

もうひとつ、この場所には連隊のシンボル的な存在として、大銀杏があったようです。証言集の中に、戦後、除隊から四十年を経て地方から上京、この地を再訪した昔の隊員の感想が残されています。

そこにはすっかり変わってしまった赤坂の風景に驚くとともに、昔の名残として唯一残っていた大銀杏を発見した際には感動して、「涙ぐみながらしばらく佇んでいた」と記されています。

同行した弟さんがそれを見て、

近歩三　思い出語る　大銀杏　三分坂の秋のひととき

と歌にしたそうです。

大銀杏は、敷地北側にある公園の隅に、隊の記念碑とともに今でも残っています。

軍隊経験のある方にとって、隊の営所や戦地には特別な思いがあるようです。それを子孫に伝えるためにも、一度ゆかりの地を歩いてみることをお勧めします。写真を撮って、家伝記に載せることを考えてもいいでしょう。

図9◉戦地や所属部隊ゆかりの地を歩いてみれば、新たな発見も

筆者の祖父が所属した近衛歩兵第三連隊本部は、現在、TBSに（東京・赤坂）。歩いていると、敷地の一角に記念碑と連隊のシンボル的な存在だった大銀杏を発見。隊史によると、この大銀杏は隊員たちにとって、忘れられない存在だったという。

経験者がご存命なら、今すぐ詳しい聞き取りを

最後にですが、もちろん、実際に軍隊経験をされた方がご存命であれば、直接、聞き取りして文書に残すべきです。

私の場合、祖父はとうの昔に亡くなっているので、一緒に暮らしていたおばが生前に聞いていた日中戦争時の体験談を聞いて、書き残すようにしました。

激戦だった日中戦争の話です。具体的な話は伏せさせていただきますが、少なくとも武勇伝などありません。そこにあるのは、リアルかつ本音の戦争体験です。こうした話は後世に伝えていくべきだと思います。

戦後七十年がたち、わが事として戦争を語れる方は少なくなり、また、ご存命だとしても、かなり高齢となってきました。

社会的にも戦争体験を記録として残そうという取り組みは出てきましたが、各ご家庭でも考えていただきたいことです。

家伝記の中に盛り込むだけでなく、別途資料として、長文のインタビュー記事にまとめる。または、文字だけでなく、音声データとしても残すといった取り組みが考えられます。

これは時間との勝負です。早急に着手していただきたいと思います。

第7章◉人物の調べ方

——生き生きとした家伝記にするために

みのり多い親族会

古い写真を持ち寄って、親族会で聞き取り

先祖の人となりを知るには、親族の年長者に聞くのが、なんと言っても一番です。できることなら、親族会を開いて、年配の方に語ってもらうといいと思います。

私の場合も、家系図ができた段階で、親族の方々に集まってもらい、自由に話してもらう場を作りました。その際、各家庭に残っている先祖の写真や遺品があれば、持ってきてもらいました。

まずびっくりしたのが、戦前の古い写真です。「こんな写真あったんですか？」という感じです。

その時にはじめて曽祖父と曽祖母の写真を見ることになりました。曽祖父は昭和一五年、曽祖母は昭和二五年に亡くなっているので、昭和三九年生まれの自分にとっては、なにせその時が「初対面」。「この人たちがひいおじいさんとひいおばあさんか」と感慨もひとしおでした。

また、祖父の若かりし頃の写真も出てきました。生前の祖父とは何度か会ってはいたも

図 10◉昔の写真を持ち寄れば、親族会は大盛り上がり

写真があれば、イメージのわき方が違ってくる。各家に残る先祖の写真を持ち寄ってもらえば、話がはずむ。

のの、晩年のおじいさんの姿だけしか知らなかったので、二十歳そこそこの頃の姿を見た時には、あまりに弟にそっくりで、こちらも驚いた記憶があります。直系の先祖ですから、誰かそっくりな子孫は出てきます。DNAには逆らえません。

写真を見ただけで、親族会は最初から大盛り上がり。

「やだ、これ××にそっくりだ」

「この人、覚えてる。声に特徴があるんだよね」

など、自然に会話がはずみます。

写真があるとないのとでは、先祖に抱くイメージのわき方が違ってきます。写真を持ち寄ってもらうというのは、話をはずませるためのひとつのコツでしょうね。

さて、親族に先祖の話を聞くといって、何を聞けばいいのでしょうか。改めて押さえておきましょう。

戸籍と墓石の調査からは、先祖個々人について、次の項目がわかります。

・氏名（旧姓を含む）
・生年月日と父母
・本籍地（住所）の変遷
・婚姻歴と子どもの有無
・死亡年月日
・戒名

なので、これ以外について、聞き取りをしていけばいいということになります。

と考えると、

・学歴
・職歴
・人柄（性格やくせ、好物など）
・夫婦の出会い

といった部分が聞きたいところでしょう。

そうでなくても、雑談の中からおもしろい話が聞けることもあります。

たとえば、祖父はコーヒーが好きでいつも飲んでいたそうで、これなどは自分も同じ。やはり何らか受け継いでいるものがあるんだな、と思ってしまいます。

一方、祖母は戦前の女性らしく、祖父を立てるよう一歩下がって黙って付いていくような人でしたが、実はお酒好きで、夜、皆が寝静まってから人知れず一杯飲んでいたという意外な面もおばの話から知りました。

できるだけ先祖のエピソードを拾う

学歴や職歴を聞く際には、単にどこの学校や会社だったかという端的な事実ばかりではなく、「なぜ、そうだったのか」と疑問を持ちながら、聞いていくことをお勧めします。

そうすることで、先祖のエピソードが出てきて、その人柄や考え方が浮かび上がってくることが多いからです。

学歴であれば、「どこの小学校を出た後、どこそこの旧制中学へ」など淡々と聞いていってもいいわけですが、少し突っ込んで聞けば、「おばあさんは小学校を出た後、本当はもっと勉強したかったんだけれども、昔の風潮で親に許してもらえずに、洋裁学校に行った」といった話も出てきます。

それで、晩年になるまでおばあさんの傍らにはミシンが置いてあったということや、貧乏をしてでも息子たちを大学に入れられるようがんばっていた、という話につながっていきます。

こうしたエピソードが出てくると、家伝記で先祖を紹介する際、生き生きとした人物像が伝わってきます。ぜひ意識的にエピソードを拾うようにしてください。

私の場合、変わったところでは、夢に出てきた、という話までありました。

祖母の実家の父親で佐々木重次郎という人がいました。私から見れば、系統的にはちょっとイレギュラーですが、曽祖父になります。

この曽祖父には戦時中、うちは大変お世話になったそうです。食糧難の時代、育ち盛りの子どもたちを抱えた祖母は食べ物を調達するため、夕方になると、実家である佐々木家に通っていたといいます。

佐々木家は盛岡郊外の農家だったので、食糧難の時代にあっても食べるものには困らず、常に食卓にはたくさんの食べ物が置いてあるような家だったそうです。

重次郎は大柄でがっちりした体格の持ち主で、よく孫たちをかわいがった人でした。食べ物ばかりかお小遣いもよくくれたとのことで、おばの話によると、一度お小遣いをもらった後、しばらくするとまたくれようとして、おばが「けだったよ（岩手の方言で、もらったよ、という意味です）」と言っても、しばらくするとまた忘れて、くれようとしたそうです。

そんな重次郎が死後数年経って、おばの夢枕に現れ、「布袋様をまつれ」と言ったそうです。おばはすぐに布袋像を買って、以後、大切にしてきたことで、少なくとも食べるものには困らなかったと言います。

なにやら柳田国男の『遠野物語』のようで、非科学的な話ではありますが、少なくとも我が家にとって重次郎は布袋様のような存在だったことは確かです。

そのため、我が家の家伝記にも、こうしたエピソードを書き記すことにしました。これで重次郎は「布袋さんのじいちゃん」として、子孫に語り継がれていくことになるでしょう。

家族史の節目となった出来事を意識的に聞き出す

家族の歴史をたどっていくと、必ず節目となる出来事があります。その出来事は家庭内で起きた内的なものと、社会の大きな変化に伴う外的なもののの、ふたつに分けることができます。

具体的には、

内的なもの——結婚、進路（職業）選択、移住など
外的なもの——明治維新、太平洋戦争、震災など

です。

これらの出来事は、家族の方向性を変えた大きなターニングポイントとなったであろうことばかりです。ですので、先祖個々人を知るためのヒアリングとはまた別に、意識して聞いていくといいでしょう。

内的なものとしてまずあげられるのが、結婚です。これは夫婦の出会い方と言ってもいいでしょう。どこでどういういきさつから夫婦が出会ったのか、馴れ初めについてです。

もし、お見合いということなら、大なり小なり両家の親それぞれに思惑があったはずなので、それらをわかる範囲ででも聞いておくといいでしょう。

また、子どもの進路については、今も昔も家族の中で議論になる部分だと思います。そこでは、親の希望、子どもの希望、それぞれがあって、どう折り合いをつけて進路決定したのか。これは、後の子孫にまで大きく影響するような、家族史としては節目となる部分です。

移住というのも、今でこそ転勤に伴う引っ越しなど当たり前になりましたが、戦前までだと大きな決断であったようです。例えば、先祖代々の土地を離れ、上京したり、北海道へ渡って開拓に従事したりなど、そこには必ず先祖の人生を賭けた決断があったはずです。

一方、外的なものとしては、まず明治維新です。ただ、これはもうなかなか伝承も残っていないかもしれません。戊辰戦争に従軍した先祖でもいれば、その記録が残っているかもしれませんね。

太平洋戦争となると、伝承は多いと思います。前章では戦争に行った人間のことを調べる方法について述べましたが、ここではそれだけではなく、残された家族がどう過ごしていたかについても聞いてみましょう。

当時は食糧難でしたから、食べ物はどうしていたかとか、あるいは空襲にはあわなかったのかとか、戦時中の家族の暮らしぶりについて諸々聞いておくといいと思います。

震災といった場合、関東大震災から、阪神淡路大震災、東日本大震災など家族によって思い浮かべる震災は異なると思いますが、影響を受けた震災については書き残しておくといいでしょう。

私の場合は、ルーツが東北なので、東日本大震災が家族、一族にとって記録に残すべき大きな震災となります。

近い親戚は東北といっても内陸部に住んでいる方ばかりだったので、特に生命に関わることはなかったのですが、遠い親戚の中には沿海部に住んでいらっしゃる方もいて、伝わってきたところでは、津波でかなりの被害を受けたようです。

「伝わってきたところでは」としたのは、現在はもう直接的な親戚づきあいはしていないものの、間接的に聞こえてきたという意味です。

家伝記では、数世代にわたる関係を記しているため、このような遠い親戚の状況でもわかる範囲で記載しました。親戚間の伝聞のほか、例えば、店をやっているような家の場合は、その被害の状況や復興への取り組みなどインターネットでもけっこう、調べることができました。

このようなところが親族会でヒアリングすべきポイントですが、先にあげた古い写真を持ち寄ることのほか、会を二回に分ける、あるいは休憩をはさんで前半と後半に分けるといったこともコツとしてあげられます。

なぜ二回に分けるのがいいかというと、先祖「個人」の話を聞く場と家族としての節目の「出来事」を聞く場にはっきり分けることで、脱線することなく、話してもらえるからです。

これはうちばかりではないと思いますが、話し好きのおばたちが集まると、話があっちこっちに飛んで、結局、「なんだったんだろう」ということにもなりかねません。場を仕切る方の力量が問われます。

遺されたものが伝えること

遺品の中に先祖の遺した創作物を探す

先祖の遺した遺品の中には、その人なりの考え方や生き方がわかる創作物があります。親族への聞き取りに加えて、これらを遺品の中から探し出すことが、次に考えるべき事となります。

ここで、まずあげられるのが、辞世の句です。

世間一般で、辞世の句の代表としてあげられるのが、豊臣秀吉のものではないでしょうか？

露と落ち 露と消えにし 我が身かな 浪速のことも 夢のまた夢

これは秀吉が最晩年に自分自身の人生を振り返って、かつ、思いを込めて作った句です。秀吉の人生を語る上で、なくてはならない一句と言えるでしょう。

また、幕末の志士の多くは鮮烈な辞世の句を残しています。

身はたとひ 武蔵の野辺に 朽ちぬとも 留め置かまし 大和魂（吉田松陰）

おもしろきこともなき世をおもしろく（高杉晋作）

これなども、それぞれの人物の個性が非常によく出ていますね。

文化人としては、東日本を旅して『奥の細道』を書いた松尾芭蕉の句があります。

旅に病んで夢は枯野をかけ廻る

死を意識した病床の中にあって詠んだ句ですが、本当に旅が好きだったんだなあと思わせます。

ここで紹介した四人とも、もちろん直接会ったことはありません。しかし、それぞれの人生や個性は伝わってくるものばかりです。

もし先祖が辞世の句とまでは言わないまでも、生前に詩や和歌を残していたとしたら、人物の人となりを語るに当たって、うまく紹介することを考えてみましょう。

その点、これはうまいなと思ったのが、NHKの『ファミリーヒストリー』です。この番組で、俳優の平幹二朗さんの母、久代さんが紹介されたことがありました。

久代さんは、カナダ移民の子として生まれ、若い頃は移民差別にあい、戦時中に日本に戻ると、今度は広島で被爆。戦後は後遺症に悩まされつつも女手ひとつで幹二朗さんを育てた人でした。

番組では、彼女がカナダの小学校時代に書いた詩を発見、紹介していました。

タイトルは「冬」。カナダ（バンクーバー）の寒い冬を題材に詩にしたものです。

寒い寒い冬が来た　最早霜も置いている

今に雪も降るだろう　今に氷も張るだろう
寒い冬知らず知らずに過ぎて行く（中略）
過ぎても冬よ又来いよ　私は冬が大好きよ

番組では、この詩と久代さんの苦労続きの人生をオーバーラップさせて紹介していました。これがまたぴったり合っていて、非常に感動的でした。

表現訴求上、こうした手法は非常に効果的で、読んでいる人に強く訴えるものがあります。もし、先祖の遺した作品に、その人生とぴったり重ねられるようなものがあるなら、合わせて紹介するといいでしょう。

こうした詩や句は個人が遺した遺品類を探す中で出てきます。特に学校時代の文集だったり、あるいはアルバムの中に短冊が挟まっていたりすることもあるでしょう。そのあたり、意識して遺品類を探されるといいと思います。

私の場合も、祖父のアルバムの中に、自作の句が何点かあったので、そこから祖父の人生に重なるものを選び、家伝記に掲載しました。

家訓も先祖の人生と重ねてみる

広い意味で考えれば、先祖の遺した創作物の中には、家訓もあります。

家訓が伝わっているご家庭なら、当然、家伝記にも盛り込むべきでしょう。その際、ただ、言葉だけを紹介しても問題はありませんが、できることなら、その家訓を遺した先祖の人生と合わせて紹介すると、子孫に伝わると思います。これは詩や俳句などと一緒です。

家訓に関して、おもしろい調査があります。

進研ゼミなどを展開するベネッセが、二〇一〇年に行った調査によると、我が家に家訓があると答えた家庭は三割近くありました。

これを多いと見るか、少ないと見るかですが、私としては「そんなに多いのか」というのが実感です。

ただ、具体的な家訓を見てみると、「嘘をつかない」「あいさつをきちんとする」といったもの。

最近では、学校などで親子の間でのルールという意味での家訓づくりが奨励されているところがけっこうあるようで、その影響なのでしょう。

昔から代々伝わるといった従来の家訓のイメージとは異なり、親から教わったこと、あるいは親が口癖のように言っていたことなども、家訓として認識されているようです。

ものまねタレントのコロッケさんが生まれ育った家庭でも、このような現代的な家訓があったそうです。

それは、「あおいくま」。

あせるな
おこるな
いばるな
くさるな
まけるな

これら五つの戒めの最初の文字を取っての、「あおいくま」です。

この家訓は、コロッケさんが物心ついた頃から、家の柱に貼ってあったそうです。なんでも、お母さんがどこかで聞いてきて、「私にぴったりだ」と思って貼ったとのこと。

「人生はこの五つの言葉たい」

と、幼いコロッケさんに言い聞かせていて、コロッケさん自身、人生の節目節目で、この言葉をかみしめていたそうです。詳しくは、『母さんの「あおいくま」』（コロッケ著、新潮文庫、二〇一四年刊）をご覧ください。
単に言葉だけを載せるよりも、このような家庭内でのエピソードとともに、家訓を紹介した方が、生き生きとして、子孫には印象的に伝わります。そのあたりを意識しつつ、聞き取りなどされるといいでしょう。

コラム
辞世の句に見る、織田信長の「夢」の続き

辞世の句を調べていた時に、不思議なことに気がつきました。家伝記作成の本筋とは離れますが、ここでご紹介しておきます。
織田信長には辞世の句が残っていません。本能寺の変という、言わばどさくさの中で、とてもそんな暇などなかったのでしょう。
ただ、彼の死生観を表すものとしては、
人間五十年、下天の内を比ぶれば、夢幻の如く也

が伝わっています。

これは、信長自身の作ではなく、信長が好んで舞ったとされる『敦盛』という舞の一節です。特に桶狭間の戦いの際には、これを舞ってから出陣したと言われ、ドラマでも定番のワンシーンとなっているので、皆さんもご存じでしょう。

その信長が本能寺の変で倒れ、天下は再び混沌とし、織田家の分裂、豊臣秀吉の天下統一、徳川幕府の成立と、時代は変化していったわけですが、そこに関わった人々の辞世の句は次の通りです（ただし、明智光秀のものに関しては後世の創作ではないかとの疑義があるようです）。

順逆無二門 大道徹心源 五十五年夢 覚来帰一元（明智光秀）
夏の夜の 夢路はかなき あとの名を 雲井にあげよ 山ほととぎす（柴田勝家）
露と落ち 露と消えにし 我が身かな 浪速のことも 夢のまた夢（豊臣秀吉）
嬉しやと 再びさめて 一眠り 浮き世の夢は 暁の空（徳川家康）

さて、皆さん、これらを見て何か気づきませんか。

そうです。例外なく、「夢」の字が使われていますよね。果たしてこれは偶然の一致なのでしょうか。

日常的に生死の境にあった戦国武将が、自らの生涯を夢にたとえることが多かったという時代背景もあるのでしょうが、それにしても、ここまできっちり「夢」の字がリレーされていると、やはりなにがしか意図的なものを感じてしまいます。

今となっては確認することはできないのでしょうが、少なくとも状況証拠的には、皆、信長の見た「夢」の継承者としての意識があって、しかも先に倒れた者の辞世の句がしっかり頭の中に入っていた、と考えるのが自然ではないでしょうか。

それぞれ敵対した武将同士ではありますが、一方で妙な連帯感もある不思議な関係の皆さんです。

第8章◉社会情勢の調べ方

——街は家族の生活の舞台、その移り変わりを知る

普通の人々の目線で見直す、当時の街と暮らし

城下町に宿場町、昔の街には特徴があった

前章では先祖個人あるいは家族の出来事に着目しての調べ方を書きました。続いてこの章では、その時代の持っていた社会的な情勢について、どう調べたらいいかを書きたいと思います。

より深い内容の家伝記とするには、親族へのヒアリングはもちろんですが、その時代に社会全体で何が起きていたのか、背景について知っておく必要があります。その背景と家族内で起きた出来事をすりあわせていくことで、さらに生き生きとした家伝記を書くことができます。

あるいは古い先祖については、個人的な伝承がほとんど残っていないということもあるかと思います。その場合、せめて先祖が生きた当時の街の雰囲気だけでも伝える努力をするという考え方もあります。

具体的に考えていきましょう。

江戸時代の街には、城下町、宿場町、門前町、港町、農村などそれぞれ明確な特徴があ

りました。それが明治維新を経て、開拓地を加え、どう変貌していったか。言い換えると、どのような影響を受けたのかと考えると、それぞれの歩み方は違っています。

一口に城下町と言っても、維新後、県庁所在地になったか否かで、その後の盛衰は違っています。そのまま県庁所在地になれば、武士が公務員に変わっただけで、さほど影響は出なかったでしょう。ところが、そうでない場合、そもそも城（行政機能）があったからこそできたような街もあります。そういうところは急速に廃れたというようなこともあったと思います。

宿場町や港町（特に商業港）については、その後の交通網がどう変化したか次第で、やはり盛衰が分かれました。

宿場町は明治の中頃から鉄道網が全国的に敷かれていったことで、変貌を余儀なくされたようです。

私の母方の曽祖父の兄は、奥州街道沿いの宿場町で宿屋を営んでいましたが、明治の末に札幌へと渡り、そこで新たに旅館を始めています。

なぜだろうと思って、戦前の町史をひもとくと、東北本線の開通により、人の流れが変わって、商業的に大きく衰退したと記述されているので、鉄道開通の影響をもろに受けて、札幌への移転を決断したんだろうということが見えてきます。

港町でも、宿場町と状況は似ています。

「北前船」は、皆さん、聞いたことがあると思いますが、江戸時代は、帆掛け船が港から港へと点々と巡り、旅客や物資を運んでいました。

北前船とはこのうちの西回り航路を通る船のことで、北海道から日本海沿岸各港を巡り、関門海峡から瀬戸内海を経由、最後は大阪まで物資を運んでいました（季節により逆航路も）。これに対して、東回り航路というのもあって、東北から三陸など太平洋側各港を廻り、江戸へと物資などを運びました。

これら廻船の寄港地だった商業港では、その廻船を相手にした問屋などがあって、繁盛したと言います。

ところが維新後、蒸気船の登場や鉄道網の普及で、廻船は消滅してしまいました。とともに、港町の中でも盛衰が出てきます。中核となる港町は栄えましたが、途中の小さな港町はその存在意義を失って廃れました。

こうした街の性格からくる維新後の栄枯盛衰は、地域経済に大きく影響を及ぼします。当然、そこで暮らしていた先祖の暮らしもそれ次第で、変わっていったはずです。

そのあたりを意識しながら、ご先祖が暮らしていた街がどのような性格の街で、どう変化していったのか、調べられることをお勧めします。

街のライブ感を伝える古老の話や写真

街の発展の歴史は、地域の図書館の郷土史コーナーで戦前の市町村史などを読めば、わかります。

その際、ただ、統計や一般的な説明だけでなく、当時、この街で暮らしていた古老の昔話のようなものが残っていないか、意識的に調べるといいと思います。実際にその場にいた、あるいはその時代を生きた人の話からは、当時の空気感が伝わってきます。

私が家伝記を書くべく史料を探していた時、一冊の本を見つけました。「はじめに」でもご紹介した『南部維新記／万亀女覚え書から』（太田俊穂著、大和書房、一九七三年刊）です。

この本の中に、昭和八年のことですが、盛岡に住む八十代の古老にインタビューした話が出てきます。

この老人は幕末に南部藩の江戸藩邸にいた人物で、大政奉還から戊辰戦争に入った頃の藩邸の様子を語っています。

大政奉還直後の藩邸の様子は次の通りです。

「（江戸詰め家老の）野々村様は藩邸詰めの者を集めて、すでにみなも知ってのとおり、将軍が、大政を返上し、勅許も賜っている。察するに日本の国も、一新され、朝廷自ら政治をおこなうようになると思うが、それだからといってなにもかも変わってしまうということはないから、みな落ち着いてかりそめにも、はやまった行動をしないよう、くれぐれも自重してほしい、とのお話があり、不安ながらも、静かな毎日を送っていたが、もう武士がなくなるそうだという者もあり、諸説紛々として落ち着かない日がつづきました」

大政奉還は今でこそ、日本人なら誰でも知っている史実ですが、当時、どのような形で情報が伝わり、普通の人々はそれを聞いてどう感じていたのか、そこまではなかなか知られていません。NHKの全国ニュースなどもちろんありませんから、多分に誤解を含んだ伝聞がかけ巡っていたものと思われます。

そんな折に、今度は王政復古の大号令が出ます。

「まったく大変なことになったのです。毎日のように盛岡へあてて、早飛脚、早駕籠が飛ばされる。ボヤボヤしていると、国へも帰れなくなると心配する人もあり、気の早い人は江戸でなにか食う道を考えなければ、武士は路頭に迷うなどと口走る人もいました」

これを読んだ時に私は、「こんな話が残っているんだ」と正直、びっくりしました。

維新の志士や幕府の要職にあった人物の回顧談は読んだことがありましたが、一藩士という普通の人の目線で、幕末の争乱の頃の社会の状況が語られているというのは珍しく、新鮮でした。当時、その場にいた人でなければわからない、ライブ感というか、空気感が伝わってきます。

よく幕末のドラマでは、この頃の佐幕藩の様子を描く際、「おのれ、薩長め！」などといきり立つ武士が登場しますし、私自身、そんな感じなのかな、と漠然と考えていましたが、現実は、身の振り方を案じて、「失業するかも、どうしよう」などと皆で相談していたんですね。こちらの方が、妙に人間臭くて、親近感が持てます。一世紀半も前の出来事ですが、まるで昨日、すぐ近くで起きたことのような気がしてきます。

実際に郷土史を調べていると、このような古老の回顧談は、あんがい、地域ごとに残っているものです。ぜひ、図書館に行って調べてみてください。ご先祖の生きた社会がきっと見えてくるはずです。

回顧談とともに、写真も街の歴史を生き生きと伝えてくれるものです。明治維新以降の街の発展の様子を撮った写真集のようなものは、ほとんどの自治体で出ていると思います。その中から、先祖の暮らした地域の写真を探してみてください。

私の場合は、明治時代末の、先祖がやっていた店のすぐ前の通りの写真を、写真集の中に発見。家伝記の中でしっかり使わせてもらっています。

こちらも図書館で調べるといいでしょう。

ゆかりの街を歩いてみる、意外な発見も

ある程度、史料を集めたら、今度は実際に街を歩いてみるといいでしょう。新たな発見があるかもしれません。

例えば、明治時代の古地図をもとに、当時、先祖が住んでいた場所を訪ねて、今、どうなっているかを確認する。当時の建物が残っていればしめたものですが、何もなくとも、写真を撮ってくるだけでもいいと思います。観光気分で、昔ながらの雰囲気の残る一角を訪ねて、写真を撮るというのもお勧めです。

菩提寺には墓石調査のために、一度は足を運ぶ必要があるでしょうが、その際には、墓碑銘だけでなく、菩提寺内の墓所の位置を確認しましょう。前にもお話ししましたが、何も知らない人間が訪ねても、お寺内のどこに墓所があるかわからなければ、実際にそこまでたどり着くのは至難の業です。何も知らないであろう子孫のことを考えて、寺の敷地内にある墓所の位置図を残しておきましょう。

確率的には低いかもしれませんが、現地調査で意外な事実が判明することもあります。

私の場合、次のようなことがありました。

私の一族は南部藩に属していたので、戦国時代には青森県の三戸に、江戸時代の初期には岩手県の二戸に、そして、中期以降は盛岡へ、と藩が本拠城を移してきたことに伴い、

ともに移住してきました。実際、盛岡にある本家の墓所には、江戸中期以降の先祖のお墓が今でも残っています。

ですが、それ以前の先祖の墓がどこにあるのか、不明でした。

二戸時代の菩提寺の名は史料には残っているのですが、実際にそのお寺に行って、ほうぼう探しても、それらしき墓石はどこにもありません。

一族の方に聞いても、「あそこは、以前、行ってみたんだけど、何もなかった」という話です。三百年も前の話ですから、とうに無縁仏となって、処分されてしまったのかな、とあきらめて、帰ることにしました。

その帰路のことです。二戸の図書館に寄って、市が発行する刊行物を買おうとしたのですが、偶然にもそこに市史編纂委員の方がいたので、「江戸時代はじめの先祖のお墓を探しに東京から来たんですが、見つからなかった」とお話ししました。

すると、その方は私の話を聞くなり、すぐに謎が解けたようで、「ああ、それは」と言って、そのお寺の歴史を教えてくれました。

実は、そのお寺は江戸時代後期に水害にあって、今の場所に移ってきたもので、それ以前は市内中心の川べりにあったそうです。昔の墓地は水没、そのまま、川の流れが変わって、今は川の中にある、とのことでした。

なるほど、そういう訳だったんですね。見つからないはずです。

これなど、偶然の出会いから教えていただいた話です。可能性は低いかもしれませんが、わからないことがあったら、現地に行って土地の人に聞くという手も有効です。

コラム

藩の統治スタイル次第で、街の、そして家族の暮らしが変わる

私の場合、父方は岩手県に、母方は宮城県に、それぞれルーツがあります。江戸時代で言えば、おおむね南部領と伊達領になります。隣接している地域ではありますが、比べてみると、藩政期の地方統治のスタイルがまったく違っていて、それがその後の街のあり方や人々の暮らしに影響を及ぼしていることに気づかされます。

まず南部領ですが、藩の地方統治の中核となるのが代官所で、各代官所には「御給《ごきゅう》人《にん》」と呼ばれる地方在住の武士が所属していました。一般的には、「郷士」と言われている人たちで、もともとは、古くから土地に根づいていた豪族などに対し、「所領安堵」のような形で藩組織に組み込んだのが始まりと言われています（時代が下るに

つれ、その意味合いも変わってきたようですが）。

このような郷士は領内にある代官所ごとに所属が決まっているのですが、これに対し、代官は盛岡から派遣されてきます。通常、代官は任期二年で交代し、盛岡に帰っていきます。代官と御給人の間には、上司と部下といった関係はありましたが、主従の関係はありません。主従の関係は、あくまで盛岡のお殿様との間でのことです。

一方、仙台藩の地方統治のスタイルはというと、一族・重臣に比較的大きな領地を与え、与えられたその一族・重臣がそれぞれの領地内で自分の家臣（陪臣）を抱えるというもの。このため、伊達領内には“ミニ城下町”がたくさんあって、仙台にいる伊達のお殿様とは別に、土地それぞれに小領主（お殿様）がいました。

こうしたスタイルの違いを知った上だからかもしれませんが、宮城県内の仙台郊外に行くと、多少なりともそれぞれ独自の文化圏を持っていて、パッチワークのような気がします。

また、仙台藩のこうしたシステムが、後に地域の人々の暮らしを大きく変えました。それが、維新後の北海道への集団移住です。

明治維新後、特に初期の段階では、東北諸藩の失業した武士が北海道へと渡り、開拓に従事しました。中でも目立ったのが、旧仙台藩でした。

北海道で洞爺湖のそばに位置する伊達市は、仙台藩の旧臣たちが集団移住して開拓した街です。そのまんま市名にもなっているので、由来のわかりやすい街ですね。ただここは、正確に言うと、仙台藩の中でも、南側にある亘理《わたり》郡一帯二万石余を領地としていた亘理伊達氏が、戊辰戦争で敗れたことで領地を失い、主従ともども集団で（伊達市のホームページによると、総勢二七〇〇人にも及んだそうです）、北海道に移住したものです。ここでの主従とは、仙台の伊達家藩主とのものではなく、小領主である亘理伊達氏との主従ということです。

伊達市（＝亘理伊達氏）のケースがもっとも有名と言えるでしょうが、ほかにも、旧仙台藩内の小領主主従が北海道に集団移住するケースはいくつか見られました。

一方の南部藩はと言うと、維新後の藩士の居住地が記された史料を見ると、北海道に渡った方は少なからずいるのですが、大きな集団でということにはなりませんでした。

南部藩とて戊辰戦争では敗者の側に回り、賊軍となって領地を没収されたという点では仙台藩と同じです。しかし、こうした差が出た背景には、伊達家中の小領主による統治のあり方があると考えていいのでしょう。

この章では、江戸時代に城下町や宿場町、港町だった街それぞれに、維新後の発展の仕方が異なることについて話しました。

ただ、さらに細かく見ていけば、このような藩政期の統治のあり方の影響もあって、それがその後の歴史、ひいては地域の人々の暮らしを変えることもありました。

とくに薩摩藩や長州藩、加賀藩などの外様藩には独自の統治スタイルがあったと思います。それを踏まえた上での家族史づくりを心がければ、よりよいものになるでしょう。

第9章◉名字の由来の調べ方

――自分の名字の意味を知っていますか

江戸時代の農家や商家にも名字があった

「士農工商」と「名字帯刀」に関する誤解

江戸時代の社会制度の象徴として、「士農工商」と「名字帯刀」というふたつの制度がありました。学校で習った日本史の中でも、よく出てきた言葉だと思います。

江戸時代は士農工商という職業別の身分制度が厳格にあって、そのうち武士だけが名字と帯刀を許されていた、というものです。

教科書に当たり前のように載っていた話ですから、私自身、つい最近まで疑うこともなく、素直にそうなんだろうと考えていました。

しかし、家族史、いわば庶民の歴史から調べていくと、必ずしもそうでないことが見えてきます。武士であっても商売や農業をやっていたり、商人であっても武士になったり、あるいは、農家であっても名字があったり、という話が当たり前のように出てきます。

いったいこれはどういうことなんでしょうか。首をかしげてしまいます。

それで、私なりに専門書なども参考にいろいろ検討した結果として、こう考えることにしました（アカデミックの世界でどう解釈されているかは知りません。あくまで庶民史を調べた上での実感としての解釈です）。

・「士農工商」については、江戸時代のはじめには士農工商と明確に分けられたにしても、時代を経て、その境界はあいまいとなり、「一応の本籍地」はあるものの、現実には「兼業」になっていった。この傾向は地方に行けば行くほど顕著だった。

・「名字帯刀」のうち、少なくとも「名字」の部分については、当時の公文書上は武士のみ名字が記載されたが、実生活上は農工商の身分でも、私称としての名字（あるいは名字に相当する屋号）を持つ者が少なくはなかった。

実際、平成に入って、「士農工商」という言葉は教科書に載らなくなってきているようです。昭和の時代に教育を受けた世代の誤解だったということですね。

と、現実的な解釈を踏まえた上での話です。

皆さんは自分がいま名乗っている名字の意味を考えたことがあるでしょうか。由緒と言っていいかもしれません。これは、当然、家伝記にも記載すべき話でしょう。

「あなたは、ご自分の名字の意味を考えたことがありますか」と改めて問われると、「あれっ、どういうことだろう？」という気になりませんか。

四章では、名字の地域性（分布）について述べましたが、名字には実は意味があって、各家それぞれの由緒があります。この章ではそうした話をしたいと思います。

武家や農家の名字は土地に由来することが多い

武家と農家は、いずれも「土地が命」です。

そのためだと思います。これらの家では、土地に由来する名字が多かったようです。この場合の土地には、具体的な地名のほか、地形的な意味をも含んでいます。

昔の人口構成から見れば、大方は農家ですから、これに武家を合わせて、日本人の名字の多くは地名から来ているという事実もよく理解できます。

具体的に見ていきましょう。

武家の中には、源氏の流れと言われる家が多いというのは、おわかりだと思います。

しかし、源頼朝の子で鎌倉幕府三代将軍の源実朝以降、その嫡流が途絶え、正面切って「源」姓を名乗る家は、少なくとも歴史の表舞台からは消えていきます。

代わりに、源氏の流れをくむ家が領地とした地名を名乗って、分かれていきます。常陸国の佐竹郷に土着して始まった佐竹氏。やはり常陸国武田郷に始まり、その後、甲斐に移った武田氏。下野国足利を領地としていた足利氏など、いずれも地名に由来する名字です。

これらの家では、もともとの姓という意味から、「本姓は源氏」とは言っていました。ただ、次第に領地名を名字として名乗るようになっていきます。

地名に由来する名字ということでは、甲斐源氏がわかりやすい例としてあげられます。甲斐源氏は常陸の国から移住してきた武田氏を中心とする源氏の一派ですが、その後、甲斐の各地に一族が広がります。

そこで新たな領地に土着するごとに、その地名を名乗りました。加賀美、秋山、小笠原、南部、穴山といった姓で、今でも山梨県にはこれらの地名が残っています。小笠原氏などはその後、全国に領地を持つようになって、名字も広がっていきましたが、おおもとは今の山梨県南アルプス市内にある小笠原郷が発祥の地と言われています。

これらは地名に由来する名字ですが、地名ではなくて、地形に由来する名字というものがあります。あるいは地形的な意味から転じて地名になったという場合もあります。

わかりやすい例が、田中さんや山中さんです。まさに家のあった場所に由来していると言われ、全国的に多い名字です。

へぇーと思えるような例には、宮迫姓があります。タレントの宮迫博之さんで知られていますね。

これはＮＨＫの『ファミリーヒストリー』の中で紹介されていた話ですが、宮迫博之さんのルーツは大分県大分市。以前は大分宮という神社があって、その前にあった小さな谷が豊前《ぶぜん》（大分県）宮迫氏発祥の地ということでした。

迫《さこ》という言葉は、もともと小さな谷を意味するそうです。つまり、宮迫という名字には、「お宮の前にある小さな谷」という地形的な意味が含まれていたのです。

同様に考えれば、迫田さんという名字には、「小さな谷にある田んぼ」という意味があることになります。もしかしたら、かつて先祖が暮らしていた場所が、そのような地形だったのかもしれません。

このような名字の持つ意味や由来については、専門の辞典が出ています。これで自分の名字について当たってみるとヒントが得られるかもしれません。

商家の名字は昔の屋号からの場合も

一方、商家や職人の家系では、商売や仕事に由来する名字が多いようです。

江戸時代の商家は、屋号を持っていました。

屋号とは、例えば「越後屋」とか「近江屋」といった商店名のことです。これが、社会制度上、名字を持てなかった江戸時代の商家では、名字代わりになっていました。紀伊国屋文左衛門という有名な豪商がいましたよね。

それが明治維新になって、晴れて名字を名乗れることになった際、屋号にちなんだ名字を届け出る例がよく見られました。

これは、いくつかのパターンに分類できます。

まずは、屋号の「屋」を取って、名字としたパターンです。

これについては、私の母方の先祖があてはまります。江戸後期から明治中期までを生きた先祖に増森万吉という人がいました。親族へのヒアリングから、万吉は「増森屋」という屋号で商売をしていたことがわかっているので、明治の初めに名字を届け出る際、「屋」を取って名字としたことになります。

また、俳優の梅宮辰夫さんの先祖は、江戸時代、会津の商家で、「梅宮屋」と名乗っていたそうです。この場合も、「屋」を取って名字としたパターンになりますね。

中には、「ちなむ」どころか、屋号そのまま、というパターンもありました。

例えば、紙屋さん。もちろん紙屋姓の方すべてではありませんが、紙を扱う店という意味の屋号に由来する方も少なからずいらっしゃるようです。

また、私の中学校時代の同級生には、越前屋さんという人がいて、「珍しい名字だなあ」ということで記憶に残っています。

このような、屋号そのままと思われる姓はなぜか秋田県でよく見られます。秋田県内には、越前屋さん、加賀屋さん、越後屋さん、近江屋さん、京屋さんといった名字の方が、決して多いとまでは言えませんが、けっこう、いらっしゃいます。

また、「屋」の字を、「谷」や「矢」といった別の字に変えて名字としたパターンもあります。これも秋田県で見られる傾向で、越前谷さん、加賀谷さん、越後谷さん、近江谷さん、京谷さんといった名字が見られます。

これはわかりやすい例ですが、もしご自分の名字の最後に、「谷」や「矢」の字があったとしたら、もともとの屋号から来ている可能性があります。疑ってみてください。

もちろん、屋号とはまったく関係のない名字とした商家も数多くありました。

有名なところをあげると、武田薬品工業の創業家に当たる武田家があります。武田薬品は江戸時代中期に近江屋長兵衛が大阪で創業しましたが、明治維新後、四代目長兵衛が武田姓に改姓して現在に至っています。世界の「タケダ」は昔、近江屋だったんですね。

近江屋を屋号としていた店は、江戸時代、全国に少なからず存在していました。商売の中身としては、タケダのような薬屋に限らず、醤油屋だったり、呉服屋だったり、質屋だったりと、幅広い分野で見られます。商売の中身というよりも近江出身の商人（近江商人）ということで、近江屋と名乗っていた場合が多かったようです。

近江屋が近江出身の商人という意味で広く使われることが多かった一方、越前屋などは、越前出身というだけでなく、越前の特産品を売る店という意味もあったようです。越前の特産品とは、絹織物、漆器、和紙などで、これらを売る店、あるいはこれらを作る職人という意味から越前屋を屋号とした家が少なくないようです。

越前屋が出てきたので、越後屋の話もしましょう。

越後屋といって有名なのは、百貨店の三越です。もともとは江戸時代前期に、三井家中興の祖、三井高利が江戸で「三井越後屋呉服店」として開業したものです。これを略して、三越となったわけです。

ただ、なぜ越後屋だったのかと言えば、三井家の先祖が越後守を称していたためで、実際の越後の国と関わりがあったわけではありません。

このように、商家の屋号と明治以降の名字の関係については、子細に見ていけば、本当に各家個別の事情によるものと考えられます。そのため、一族の長老格の方に伝承の有無を確認されるのがいいと思います。

改姓のウラには意味がある

改姓は家族史上に残る大きな決断

長い家族の歴史の中には、途中で姓が変わることもありました。これは武家特有の話かもしれませんが、戦国時代にそれまでの家が滅んだような場合、追っ手などから身を隠す意味から新たな名字を名乗ることにしたという話は少なくありません。

やむを得ない事情があるにせよ、姓を変えるというのは大変な決断です。そこには隠された先祖の思いのようなものが潜んでいる可能性があります。改姓の事実を家伝記に盛り込むことはもちろんですが、その裏に隠されたストーリーまで考えてみてください。

江戸時代、三陸地方には、廻船問屋として財を成し、「みちのくの紀伊国屋文左衛門」とまで言われた豪商、前川善兵衛がいました。

前川家に伝わる伝承によると、先祖は北条水軍の主力として活躍した清水氏で、豊臣秀吉による小田原攻めで北条氏が滅んだ後、三陸まで逃れてきて、前川姓を名乗るようになったと言われています。

この時、なぜ前川と名乗るようになったのかと言えば、かつて小田原の前川村に領地を持って住んでいたことに由来するようです。実際、今でも、小田原市内には前川という地名があります。

つまり、「戦に敗れて故郷を離れることになり、旧姓を名乗ることもできなくなってしまったけれども、せめて新しい姓は、故郷のことを忘れないよう、その地名から取ることにしよう」ということだったのでしょう。

ちなみに前川家は江戸時代中期以降、藩への財政的な貢献から士分を与えられ、名字帯刀を許されています。ただ、最初の頃はまだそのようなことはなかったはずなので、形式上は「私称」という形で前川と名乗り始めたのでしょう。

また、前川家の屋号は東屋なので、姓と屋号はまったく別というケースになります。

前川家の場合は、由緒書きが後世に残されているため、このような改姓の理由や意味がちゃんと伝わっています。

しかし、由緒書きがそもそもなかったり、家督を継承している本家でないためにわからなかったり、という場合も多々あると思います。

その場合には、これまで述べてきたのと同様、ミステリーを読み解く歴史探偵となって、自分で推理と検証を繰り返していく必要があります。その際は、ここでも「なぜ、なぜ、なぜ」と問い続けてみてください。

改姓に潜むストーリーを掘り起こす

私自身、こうした謎に直面しました。

父方の曽祖母の実家である下山家は、明治維新後に江戸時代まで名乗っていた岩間《いわま》姓から改姓していました。

ただ、あくまで曽祖母の実家の話ですから、うちには由緒書きなど伝わっていません。当然、その意味や先祖の思いなど、さっぱりわかりません。武士の家だったので、最初は「明治維新で失業して、心機一転ということだったんだろう」程度の認識でした。

しかし、ふと、「待てよ?」と思ったのが、

「心機一転にしても、なんで下山姓にしたんだろう」

ということでした。

調べてみると、旧藩庁への届け出が残っていました。そこには、「昔、名乗っていた姓に戻す」と理由が記されています。

「ああそうか」と思って、下山家(岩間家)の家系図を調べてみると、確かに下山と名乗っていた時代がありました。

岩間家は藩の中では、甲州譜代と言われる家でした。甲州譜代とは、南部家が甲斐の国から移住してきた時からの最古参の家臣という意味です。

実際、今でも山梨県には、南部家発祥の地である南部町の北隣に位置する身延町に、下山も、岩間も、地名があるので、そのあたりにもともとの領地があったということなのでしょう。家系図と照らし合わせれば、下山氏から岩間氏に分かれていったと考えることもできます。

ただ、家系図には家祖（家の始まりとなった先祖）が秋山光朝と記されていて、そこでまた疑問がわいてきました。

「どうせ昔の姓にするなら、なんで秋山にしなかったんだろう。そもそも秋山光朝って誰だ？」

という疑問です。

と思って、今度は秋山光朝について調べ始めました。それで、ようやく先祖が下山に改姓した本当の理由がわかってきたのです。

秋山光朝とは、源平の争乱の頃に生きた武将で、加賀美遠光の長男。当時の武田家当主、信義のおいに当たります。弟には、小笠原氏の家祖となった長清、南部氏の家祖となった光行がいました。

ところが、光朝は平家滅亡後、源頼朝に罪を問われ、切腹させられます。妻が平重盛の娘（＝平清盛の孫娘）だったことから、「平家再興の疑いあり」とされたことが理由のひとつにあげられています。

もっとも、これは当然の事ながらでっちあげで、実際には、光朝が源義経に近かったことや、当時、存在感の強かった甲斐源氏の勢力をそいでおくという目的から、頼朝が陰謀を謀ったようです。

光朝には何人か子どもがいましたが、子どもたちは甲斐源氏各家にかくまわれて生き延びます。そのうちのひとりが、後に下山を名乗るようになったということでした。

このような、今まで知らなかった事実が見えてくると、明治維新後に先祖が岩間から下山へと改姓した謎が解けてきます。

すなわち、「昔、当家は光朝の時代に一度は滅んだのだけれども、その後、下山を名乗って先祖が頑張ってきたからこそ、今の地位を築くことができた。しかし今回、ご維新となり、皆、失業することとなった。ここで、我らは再び下山姓に戻って、頑張っていこうじゃないか」という話だったんだろうと思います。

ここで、「我らが」としたのは、「一族で」ということからです。

幕末の岩間一族は本家分家あわせて十ほどの家がありましたが、維新後、その多くがいっせいに改姓しました。ということは、ある時点で一族協議の場があって、そこでの取り決めにより、各家が改姓の手続きをしたということなのでしょう。協議の場では、このような話が実際にあったのだと思います。

この話からわかることは、まず、武家にとって明治維新は、「家が滅んだ」とまで思い詰めるほど非常に大きな出来事だったこと。また一方で、自分の家に伝わる故事や伝承をちゃんと把握していたこと、の二点です。

このような先祖の思いが見えてきたのも、なぜ、なぜ、なぜと疑問点を突っ込んで調べていったからです。皆さんも、調査の過程で疑問点が見つかったら、突っ込んで調べてみてください。隠された先祖の思いが見えてくるかもしれません。

第10章◉全体の目次を考える

——段取りを最終確認してまとめる

未来の子孫につなげる家伝記に

将来のため、データとしての保存を意識しよう

家族史の調査もほぼ終わったとなれば、いよいよ家伝記の作成に入ります。そこでまず、家伝記作成作業の段取りを確認しましょう。

家伝記という冊子をどういう形で作るのかと考えた場合、もちろん、手書きの一冊としてまとめればいい、ということでもかまわないのですが、できれば、兄弟や親族に配布する分を含めて十冊程度をパソコンのワープロソフトで製作し、家庭用プリンターで印刷するのがいいと思います。

パソコンを自分で扱えないとなると、これはできませんが、これを機にパソコンの使い方を勉強してみるとか、家族の中でパソコンを使える人間に協力してもらうなどの手だてをご検討ください。

パソコンにこだわるのは、データによる保存を意識してのことからです。

家伝記は一度作って終わりではありません。子孫がいれば、今後も家伝記はどんどん追加されていく、ということになります。また、子孫が増えれば、家伝記もそれだけ冊数が

必要になります。しかし、紙に書かれた一冊しかないというのでは、容易に複製はできませんし、「継ぎ足し」もできません。

また、紙焼きの写真は年を経るにつれて劣化していきます。褪色したり、そもそも紙がボロボロになって破れたりしてしまいます。実際、皆さんのご家庭でも、戦前に撮られた写真がボロボロになっていないでしょうか。

こうした古い写真はできるだけ早めにデータとして保存して、経年の劣化を食い止めることを考えるべきです。最近では技術が進歩して、劣化を食い止めるどころか、落ちてしまった色を補正して、プリントされた当初の色合いに近づけることまでできるようになっています。

私の場合は、家伝記に載せる古い写真はすべて、「デジタルリマスター」版にしました。「デジタルリマスター」とは、映画の世界でよく出てくる言葉なので、ご存じの方も多いでしょう。その意味するところは、古い映画フィルムをデジタル化（データ化）した上で、変色してしまった色を補正して元の色合いに戻したり、フィルムについていた傷やゴミを取り除く加工をデータ上で行い、完成時のような美しい作品に仕上げ直すことです。

これと同じ事を私は古い写真で行いました。家庭用プリンターのスキャナーを使って写真を読み取り（データ化）、褪色してしまった色の補正をして元の色合いに戻した上、パ

図11◉紙焼きの古い写真からデジタルリマスター版を作る

戦前に撮られた紙焼きの古い写真はセピア色になって、ひび割れも目立つ（左側）が、パソコンでデジタルデータにして、色を補整した上、ひび割れも極力目立たないように修正（右側）。プリントした当初の写真の色合いによみがえる上、半永久的に保存できる。

ソコンの画像処理ソフトを使って、折れてできた傷などを消す加工をしたのです。

現在では、こうした作業も家庭用のパソコンとプリンターを使ってできるようになりました。

このことにより、放置しておけば、十年後、二十年後にはボロボロになって見られなくなっていたであろう古い紙焼きの写真を、撮影時の色合いに復元しただけでなく、半永久的な保存まで可能としたのです。

などなど考えると、家伝記は紙として持つだけではなくて、意識してデータを作り、子孫に「伝えやすくしておく」ことがお勧めです。

どうしても、本格的な製本をして、見栄えのあるものにしたい、という方もいらっしゃるでしょう。ただこれは、元のデータさえあれば、あとはお金を払って印刷業者に頼めばいいだけの話です。

大切なのは、元データを作ることで、それさえあれば、おいおいどう展開していくかを考えることは簡単です。

具体的な目次を考えてみよう

パソコンのワープロソフトで家伝記を作るとして、次の作業としてはページを定型化して、ページ当たりの文字量を決めることになります。

私は、実際に家伝記を書く際、ワープロソフトの「ワード」を使い、A4判の大きさで、縦書き二段組のレイアウトにして入力していました。二段組にしたのは、文中に写真を組み込みやすくしたかったためです。

あとは通常より少し大きめの文字にしました。高齢の方でも読みやすくするためです。

図12◉家伝記は２段組にすると写真をレイアウトしやすい

A4判のページを縦書き2段組にした家伝記のレイアウト例。2段組にすると写真を組み入れやすくなる。ワントピック1ページと決めて、冒頭にタイトルを入れる。こうして定型化すれば、文章も書きやすい。

と考えながら設定していって、最終的には、一行二七文字、上下段で四三行（タイトルスペース三行分除く）としました。一ページ当たりの文字数は一一六一文字となります。通常のA４判横書きの文字数は、一行四〇字×四〇行で一六〇〇字前後ですから、標準的な設定の七割程度の文字数となります。

また、一般的な書籍の場合、一ページだいたい四〇字×一六行で六四〇字ぐらいですから、二ページよりは気持ち少ないくらいの文字量です。

家伝記は小説ではありませんから、そう長々と文章を書く必要はありません。ひとつのトピックを書く際、これくらいの文字量がちょうどいいような気がします。ということで、一ページ当たりの文字数をイメージしたら、今度は全体の目次を立ててみることです。

目次立てを考えるということは、全体の構成を考えるということになります。調査に入る段階でも、構成を考えるよう述べましたが、ここではより具体的なページ割りとして考えていくことになります。

まず、書きたいこと（トピック）を紙に書いてみます。もちろん、各家個別の事情やアイデア次第で自由に作ればいいわけですが、基本的には、次のようになるのではないでしょうか。これらは原則としてワントピック一ページです（先祖個々人の紹介は、ひとり当たり一ページ）。

◆××家伝記　目次案

①表紙
②目次
③家紋の名称と由来

④名字の由来
⑤江戸時代の××家概観
⑥先祖個々人の紹介（高祖父、高祖母、曽祖父、曽祖母、祖父、祖母、父、母）
⑦菩提寺
⑧明治維新と××家
⑨太平洋戦争と××家
⑩震災と××家
⑪家宝・伝来の品
⑫編集後記

それぞれのトピックをどう書くか

以下、それぞれのトピックについて、解説していきましょう。
①の表紙から④の名字の由来までは、家伝記の中である種、定番的な部分です。
③の家紋の名称と由来は、特に家独自の伝承がなければ、図書館にある家紋専門の辞典などで調べれば、その家紋の名称や意味はすぐにわかります。

④の名字の由来は、前の章で触れた「名字の由来の調べ方」の結果を書けばいいわけですが、佐藤さんや鈴木さん、高橋さんといった非常にメジャーな名字の場合は、逆に個別の家ごとの由来を書くには困るかもしれません。その場合は、省いてもいいでしょう。

⑤の「江戸時代の××家概観」とは、江戸時代後期あたりまでの伝承が残っているということを前提に、例えば、「昔、うちはどこそこに田畑を持つ農家だった」とか、「市内のどこそこの通りに店を構えた呉服商で、屋号は△△屋だった」など、わかっている話を書き残すといったイメージです。

この時代あたりまでさかのぼると、普通なら、先祖個々の名前や人柄まではわからなくなりがちです。そこで、「概観」ということで、ザックリとでも江戸時代はどのような家や暮らしぶりだったのかを、書いておこうという発想です。

先祖の紹介はひとり原則一ページと決めると書きやすい

⑥の先祖個々人の紹介は、家伝記の中でも中核になる部分です。しっかり書きたい部分ですが、戸籍と墓石の「2せき」調査がちゃんとできていれば、先に定めた一ページ程度の文章を書くことはそれほど難しくありません。

このページで考えられる構成要素は、次の三つです。

・基本情報（生年月日、父母氏名、出生地、学歴、職歴、婚姻歴、子どもの氏名、死亡年月日、死因、亡くなった場所、菩提寺、戒名）
・写真
・エピソード（逸話、口ぐせ、性格、趣味、創作物など）

このうちの基本情報については、「2せき」調査と親族への聞き取りから事実関係をつかんでいれば、あまり考えずに書くことのできる部分です。これに写真を一～二点、ページ内にレイアウトすれば、ページの半分以上はできてしまいます。

残りは、人となりに関する話（エピソード）で埋めます。例えば、口ぐせだったり、どのような性格の人だったのかだったり、和歌や俳句などの創作物があればその紹介、あるいは趣味が何だったたか、といった話をひとつふたつするだけで、もう一ページは埋まってしまうでしょう。

このように先祖の紹介は原則ひとり一ページと枠にはめて考えると、イメージがつかめて、執筆しやすくなります。

もちろん、残っている伝承の量や、家業の基礎を成した人だったり、社会的に大きな貢献をした人などは、一ページでは語るに足りないということになると思います。その時は、その人物に限っては、二ページとするといった柔軟な対応をすればいいと思います。

逆に、四代上の高祖父や高祖母あたりになると、伝承も写真も残っていないということがあるかもしれません。その際は、夫婦合わせて一ページとするといったことをすれば、なんとかなると思います。

先祖紹介の書き方のコツ

分量的に埋めることはそう難しくない先祖の紹介ですが、書き方のちょっとした工夫次第で、子孫に生き生きとした人物像が伝わることがあります。

その一例が、紹介する先祖の生きた時代を、歴史上の人物や社会情勢と重ねてみることです。

本書にたびたび登場しますが、私から母方を五代さかのぼった先祖（つまり高祖父の父）に、増森万吉という人がいます。万吉の生まれは、戸籍から文政六年（一八二三年）であることがわかっています。

ただ、現代に生きる我々が、文政六年と言われても、「江戸時代である」という以上には、なかなかイメージがわいてこないのではないでしょうか。

しかし、同じ年に生まれた歴史上の人物が誰かと調べると、あの勝海舟がいました。また、幕府の将軍は一一代の徳川家斉で、江戸の市中では、市民から義賊ともてはやされた鼠小僧次郎吉が大名屋敷を荒らし回っていた頃でした。

これらの結果を踏まえて、

「増森万吉の生まれは文政六年で、あの勝海舟とは同い年にあたる。時は一一代将軍・徳川家斉の治世で、江戸の市中では、義賊ともてはやされた鼠小僧次郎吉が大名屋敷を荒らし回っていた頃だった」

などと書けば、後世の子孫たちが読んでも、「ああ、そういう時代を生きた人か」と感じられるのではないでしょうか。

また、性格については、優しかったとか、厳しかったとか、一言で済ますのではなく、できるだけその性格が伝わるエピソードを加えることを考えましょう。

たとえば、日本史上に残るヒーロー、織田信長。信長といえば、型破りな人というイメージがあります。

ただそれも、それらしきエピソードが残されているためです。

信長の近習だった太田牛一が書き残した『信長公記』には、若い頃の信長のふるまいについて、次のように記されています。

その頃（十代の頃）の信長の身なり・振るまいといえば、湯帷子（ゆかたびら＝現在の浴衣の原型）を袖脱ぎにして着、半袴。火打ち袋やら何やらたくさん身につけて、髪は茶筅髷《ちゃせんまげ》（毛先を茶筅《ちゃせん》のようにして立てた、まげの一スタイル）。それを紅色とか萌黄《もえぎ》色とかの糸で巻き立てて結い、朱鞘の大刀を差していた。

（『現代語訳信長公記』、太田牛一著、中川太古訳、KADOKAWA、二〇一三年刊）

※カッコ内は筆者による注

信長を間近で見ていた牛一の証言なので、十代の頃の信長はきっとこんな出で立ちの青年だったのでしょう。今でも、ドラマなどでは、この文章そのままの形での信長が描かれています。

これなど、ただ「型破りな人だった」とだけ書かれていたとしても、読んでいる人間からすれば、なかなかピンと来ません。これだけ具体的に記されているからこそ、イメージがわいて、「そうだなあ」と思えるのです。『信長公記』を書き残した太田牛一のお手柄です。

このようなことを意識して、ぜひ生き生きとした先祖の姿を後世に残していただきたいものですが、「どうしても、自分にはそのような文才はない」という方もいらっしゃるかもしれません。

その場合は、わかっている事実を個条書きでも良いと思います。家伝記はもともとそう多くの人の目に触れるようなものではありません。限られた子孫に事実が伝われば、それでいいのです。なにも文学賞を狙う必要などありません。

写真や図が中心のページも

⑦の菩提寺のページは、先祖の紹介ページとは違って、そう文章を書く必要はないでしょう。このページでは、

・寺の宗派やいわれ
・寺の全景や墓所の写真
・墓所の位置図
・墓碑銘

の四つの要素が入っていれば、問題はないと思います。
寺の宗派やいわれなどの説明を簡単に記したら、あとは、写真や位置図を入れてページ

を埋めていけばいいでしょう。

先にも触れましたが、これは、指摘されなければ気がつかないと思うのですが、お寺の敷地内のどのあたりに自分の家の墓所があるのかがわかる位置図を入れておかれることをお勧めします。

「百年後、二百年後の子孫の皆さん、ここですから。よろしくね」といった思いを込めて、墓所の位置図を挿入しておいてください。それが後々効いてくるはずです。

また、家伝記は史料性が問われますから、基礎的な情報である墓碑銘は原文そのままで、書き記しておくといいと思います。

墓石は、いつまでも現状のままとは限りません。古い個々人ごとの墓石が、ある段階で整理されて、家としてまとめて新たな墓石を建てるといったことも、普通にあるでしょう。あるいは、地方にあった先祖代々のお墓をなくし、今お住まいの場所の近くに改葬するといったことがあるかもしれません。

その際でも、昔の墓石に刻まれていた碑名は記録として後世に残しておくべきです。それをこのページに書き残しておきましょう。

全体としてこのページでは、文章を長々と書くということではなく、写真や図、史料を使って淡々とページを埋めていくといったイメージでいいと思います。

とくに古い写真が残っていると、後世にイメージがよく伝わります。まさに、「百聞は一見にしかず」で、文章で長々と説明するよりも、写真一枚あればいい、といった部分もあります。

ですので、もし家に古い写真が残っているならば、写真だけのページを作ってもいいと思います（もちろん写真の簡単な説明ぐらいは付けましょう）。

私の場合は、大正時代に撮られた祖父とその兄弟や父母の写真がありました。恐らく、東京の近衛師団への入隊が決まって上京するとなった際に、家族と別れるので、この際、写真館で写真を撮っておこうという話になったのだと思います。まだ、アマチュアでは写真が撮れなかった時代です。

このため、特に「写真で見る四郎（私の祖父の名です）とその家族」というページを設け、写真中心の構成で見せるページとしました。

「伝言ゲーム」は伝わらない、「言った」ではなく「書いておいた」に

⑧から⑩は明治維新や太平洋戦争、震災などの社会的なイベントを家族がどう乗り越えてきたかについて、書くページです。

太平洋戦争が家族の暮らしに大きな影響を及ぼしたことは間違いなく、この家族史に残る大きな出来事を、家伝記で触れないわけにはいきません。先に述べましたが、出征した家族の軍歴を紹介することはもちろん、残された家族の暮らしぶりについても、わかっていることを書き残しておきましょう。

例えば、戦時中は食糧難の時代でしたから、食べ物はどうしていたのかとか、中には空襲にあったり、疎開したり、といった経験を持つ親族もきっといらっしゃると思います。そうした方々の体験談は後世に伝えるべく、きちんと記録するべきです。

家族が遭遇した震災も、家族史上に残る出来事と言えます。震災に対する心構えとして、その体験談は子孫に書き残すべきです。

関東大震災から阪神淡路大震災など、それぞれの家族にとって、体験した震災は違うでしょうが、東日本大震災の場合だとしたら、

・被災当時の写真
・地震発生時に家族それぞれが何をやっていて、どう感じたか
・家族にとっての被害の状況や、こうしたら良かったなどの教訓

といった内容を家伝記に書き残しておくことは、有意義なことだと思います。

戦争体験や震災体験について、「子どもたちに言ってはいる」という方もいらっしゃるでしょうが、「言った」で満足していても、「言われた」側にはうまく伝わっていなかったということが多いものです。紙に書き残してこそ（ここでは正確に言うと、「データとして記録してこそ」）、伝承は世代を超えて子孫に伝わるのです。

由緒のわからない物は、子孫にとってゴミ同然

こうした世代間での「言った」、「聞いていない」といった話としては、私の家ではこのようなことがありました。

私の家は維新後、盛岡で筆屋を始めました。その関係から、毛筆で描かれた馬の絵が伝わっていました。

私が子どもの頃、その絵を見せてもらいつつ、父親から言われたことには、

「この絵は、皇居の公園にある馬の像を作った人が、盛岡の先祖の家に泊まりつつ、郊外の牧場に通って、馬の絵を何枚も描いたうちの一枚で、泊めてもらったお礼にということでもらったものだ」

ということでした。

ところが、その時の私はと言えば、子どもだったということもあって話半分。

「うちになんか、そんなたいした物はない」

という先入観もあって、

（公園に馬の像なんて、どこにでもあるだろう）

程度の認識でした。

その後、長らくこの話は忘れていましたが、家族史を書く段になって、家に伝わる物についても書いておこうと考えたところ、

「そういえば、昔、父親から馬の絵を見せてもらったっけ」

と思い出しました。

そこで、ふと気づいたのは、

（皇居にある馬の像って、もしかしたら楠木正成像のことか）

そうだとしたら、とんでもないお宝です。

調べてみると、楠木正成像の特に馬像の部分の作者は後藤貞行といって、有名な彫刻家でした（人物部分は高村光雲などの作）。貞行は特に馬像の評価が高く、「馬の後藤」とまで言われており、馬産地だった岩手県にはよく来ていたことがわかっています。

となって、慌てて家中を探したのですが、どうにも見つけることはできませんでした。

四十年間もほったらかしにしているうちに、いつの間にか、消失です。

父親に確認しようにも、もう二十年以上も前に亡くなっています。

父親にすれば、

「俺は言っておいた」

ということかもしれません。しかし、こちらからすれば、言い訳かもしれませんが、

「ちゃんとは聞いていない。だいたいなんだ、あのおおざっぱな説明は」

と反論したくなります。

世代間での「言った」「聞いていない」論争の勃発です。

口で言っただけでは、ともすれば、こういうことが起こりえます。そうはならないよう、由緒はきちんと紙に書き残しておくべきです。

この手の話は、なにも我が家だけでなく、世の中、ままあるようです。

最近、坂本龍馬の最晩年の手紙が一般家庭で新たに発見されました。

これなど、ＮＨＫのバラエティー番組の中で、偶然、街頭インタビューを受けた女性が、

「うちには父親が千円で買ってきた坂本龍馬の手紙がある」

と答えたことがきっかけでした。

それを聞いたインタビュアの芸人も、答えた側の女性も、最初は誰もそれを真に受ける

ことができず、みんなでただ大笑いするしかなかったような話でした。

ところが、「念のため」ということで、専門家に調べてもらったところ、これが本物だったのです。自宅のちゃぶ台の下に無造作に置かれていたものなので、NHKにインタビューされることがなければ、もしかしたら、大掃除の際に捨てられていたかもしれません。

この話にしても、我が家の話にしても、子どもの側から見ると、「うちになんか……」という先入観がどうしてもあって、親の言ったことが正しく伝わらなかったということでしょう。世代を超えての伝言ゲームは難しいものです。

そういう意味からも、⑪の「家宝・伝来の品」のページには、古くから家に伝わる品の由緒をきちんと書いておきましょう。

最後に、申し送り事項を編集後記に書く

出版に関わる仕事をしている方は別にして、一般の方だとなかなか気が回らないと思いますが、家伝記の最後には⑫「編集後記」を書いておくといいと思います。

編集後記とは、筆者によるあとがきのことです。家伝記では、調査や執筆時の苦労話や感想、または、ヒアリングに協力してくれた親族などの方々のお名前などを記しておくといいでしょう。

調査でどうしてもわからなかったことを書き記して、次世代への宿題とするのもひとつの手です。

また、ヒアリングの協力者名などを書き残しておくと、この伝承は誰の体験に基づくものかが後世に伝わります。それもまた貴重な情報となります。

たとえば、こんな感じです。

本伝記は、二〇××年から△△年にかけて調査、まとめた。戸籍の取得や写真など各種資料の収集をA、家系図作成をB、ヒアリングと文章執筆をCが担当した。また、遠い親族の関係や故人のエピソードなどはDの記憶による。

（アルファベット部分には、具体的な親族名が入ります）

そして、最後には、三十年後ぐらいに家伝記の追加、作成をお願いしておくといいでしょう。三十年後としたのは、おおむねひと世代後という意味です。その頃には、家族にとっての新たな歴史が生まれているはずです。

おわりに――今、調べておいて、本当に良かった

綱渡りだった調査

私の家伝記作りは、最初は三カ月程度で仕上げるつもりでしたが、結局、父方、母方あわせて約三年の月日を要しました（仕事の合間を見てのことだったので、途中、しばらく何もしなかった時期も含まれています）。

とくに父方は、要した時間もさることながら、分量的に書籍一冊分に相当する「大作」となりました。旧藩や一族の方々が古い史料を保存しておいてくれたおかげで、かなり昔まで先祖をたどることができたのです。

着手した当初は曽祖父の名前すら知らなかったくらいですから、ここまでのものができるとは、とても想像できませんでした。

「よくもこれだけわかったものだ」

と我ながら感心してしまったほどです。

ただこれも、調査の過程では、かなり綱渡りでした。

本書で先祖探しの基本としてきた「2せき」調査のうち、戸籍については、盛岡市役所

が古いものを廃棄していたため、江戸時代に踏み込むことができませんでした。

それでも江戸時代に踏み込むことができたのは、昔の墓碑銘のメモ書きが一枚残されていたためです。昭和の末に新しい墓石に換える際に、親族がちょっと機転を利かせてメモを残していてくれたのです。

この一枚のメモがなかったら、江戸時代の藩の史料と突き合わせることはできませんでした。

また、おじやおばには、私が会ったこともなかった曽祖父母（私が生まれる十年以上も前に亡くなっています）のエピソードを聞くことができました。

曽祖父母は明治維新前後の生まれの人なので、その話からは明治維新という現代につながる時代の節目以降の「家族の空気感」のようなものが伝わってきます。

おかげで、今まで遠い世界の絵空事（＝あくまで教科書の中での出来事）のように思っていた明治維新や江戸時代が、妙に身近に思えるようになりました。

そこには、確かに自分の先祖がいて、家族の暮らしがあったのです。

私は、つくづく、

「今、調べておいて、本当に良かった」

と思いました。

着手が遅れれば遅れるほど、昔の話はわからなくなります。特に、明治維新の頃の記憶はかなり薄れつつあります。我が家でも、十年後、二十年後だったら、わからなくなっていたことはたくさんありました。

この本を読まれた方も一刻も早く、調査を始められることをお勧めします。

根っこのある人生には安定感が出る

戦後、いろいろな意味で家族のあり方が大きく変わりました。

私の親は戦後の高度成長期、地方から都会へと出てきた世代です。その子どもの世代はと言えば、地方の先祖のことはよくわからないまま育ち、生きてきたと思います。私がそうでしたから。

以前であれば、先祖代々同じ土地に暮らし、同じ仕事をし、死んだら同じお墓に入るのが当たり前でした。こうした時代であれば、ことさら言わなくとも、先祖のことはだいたいわかっていたはずです。

しかし、これからは、生まれた場所とは別に、どこで家族を持ち、死んでいくかもわからない時代にどんどんなっていくのでしょう。

そうなると、せいぜいわかるのは自分から二世代上まで。それより上はどのような人だったのか、放っておけば、忘れられていくことになります。歴史の彼方にただ消えていくことになるのです。

はたして、それでいいのでしょうか。

先祖のことを英語でルーツと言いますが、ルーツにはまた植物の根っこという意味もあります。言い得て妙だと思います。

自分自身、家族史をまとめ、把握したことで、自分にしっかりした根っこができたような気がしています。

どこのご家庭でも先祖の歩んできた道は、山あり谷ありだったと思います。そこには、人生の教訓だったり、迷った際の判断材料となるような話がたくさん含まれているはずです。

それを家としてきちんと残しているか否かでは、大きな差が出てくるような気がします。

中には、家族史作りなど

「うちはそんな由緒ある家ではないから」

と敬遠される方もいらっしゃるかと思います。

しかし、社会的に由緒があるかどうかなど関係ありません。他人様がどう見るかが問題なのではなく、あくまで自分自身の心の持ちようの問題であるからです。

私の家族史調査、その結末

最後に、私の家族史調査の結末について、お話しましょう。

私の家は、今から二百年ほど前の江戸時代後期にそれまでの家から分家しています。初代は婿養子で入ってきた人で、実家の名字は昔の墓碑銘からわかっていました。

ただ、その名字は盛岡の南部藩の家臣団の名簿の中には見あたりません。

そういう場合、次の段階として、領内各地の代官所に所属する郷士（南部藩の制度では、「御給人《ごきゅうにん》」と呼んでいました）の家かと推測していくことになります。

昔の婚姻は、親が親戚など伝《つて》をたどって見つけてきたものです。

宮家はもともと南部家が戦国時代の三戸（青森県）から二戸、盛岡へと本拠城を移転するに従って、移住してきた経緯があるため、どちらかといえば、盛岡から北方向にゆかりがあります。

そのため、盛岡から北方向の地域の郷士の家かと思って、調べてみたのですが、やっぱり、それらしき名字の家は見あたりません。

ここまでくると万事休す。初代の実家探しは暗礁に乗り上げてしまいました。

「これはわからないや」

と私はあきらめて、初代の実家は不明のまま、いったん、家族史を書き終えることにしました。

それで完成した家伝記を親族にも送り終えて、ほっと一息。集めたたくさんの資料を整理すべく、「これはいる、これはいらない」とぺらぺらとチェックしていた時、ある論文の中の表が目に留まりました。

そこには、大槌代官所の郷士たちの名字が列挙されていて、なんと初代の実家の名字も散見されたのです。

大槌代官所は、現在の大槌町と釜石市に相当する地区を管轄しており、盛岡からは南東方向になります。そのため、まったくノーマークでした。

「そうか、こっちか」

と、私は意外な事実に驚いたとともに、背筋がゾクゾクしたことを覚えています。

このことを盛岡のおばに確認したところ、

「そういえば、おじいさんの妹にそっちへ嫁いでいった人がいたね。昔は親が知り合いをたどって結婚相手を決めてきたもんだからさ、縁があったということなんだろうね」

という話です。

それでその後、大槌や釜石を集中的に調べていくと、パーッと謎が解けていったのです。

欠けていたピースがひとつ、うまくはまったことで、家の特徴のようなものがより鮮明に見えてきた感じです。

それだけ、我が家にとって、初代とその実家の影響は強いものだったのです。

私は、作り終えたばかりの家伝記を大幅に加筆訂正して、改訂版を作りあげました。


その後、しばらくして、私は大槌と釜石を訪ねました。

ご存じの通り、この地域は東日本大震災での津波の被害が大きかったところです。実際、私が目にしたのは、津波に何もかもが流されて更地になった市街地の惨状でした。

私が家族史調査を始めようと思ったのは、二〇一〇年末のこと。「盛岡の家のこと、ちゃんと調べておくか」といった、ちょっとした、本当に思いつきのような気分が始まりです。

その後、間もなくして震災が起き、その時は、東京でボーッと津波の映像をテレビで見ていただけで、そこが自分のルーツの地だったとは、思ってもいませんでした。

それが、まさかまさかの展開の末、最後の最後にたどり着いたのが、この地でした。

ひとりの若者が盛岡の宮家へ婿入りすべく、ここから旅立ったのが、二百年ほど前のこと。

それから、大きな一揆があり、明治維新があり、太平洋戦争があり、震災があって、六代後の子孫になって、壊滅的な被害を受けたこの地に再び戻ってきた、とは何か不思議なものを感じざるを得ません。

私はこの地に立った時、

（これは先祖に呼ばれたんだろうな）

と思いました。

初代は私にこの風景を見せたかったのでしょう。あるいは、今、命ある私の体を借りて、生まれ育ったこの地の現状を確かめたかったのかもしれません。

いずれにせよ、人智を超えた不思議な力が働いて、ここにたどり着いたような気がします。

目の前には壊滅した街が、そしてその先には太平洋の大海原がありました。

その日の海は、とても穏やかで、美しい表情を見せてくれました。

◉著者プロフィール

宮　徹（みや・とおる）

1964年、東京生まれ。88年慶應義塾大学経済学部卒業後、大手雑誌社にて記者、プロデューサー。2000年に独立し、現在は経済アナリスト、著述業。著書に、阪急・東宝グループの創設者、小林一三の生涯を描いた『DREAMER－阪急・宝塚を創り、日本に夢の花を咲かせた男』（WAVE出版、2014年刊）がある。

母親の介護が一段落した時点で自らのルーツ調べに着手、父方、母方それぞれの「家伝記」を作成した。本書はその経験をもとにノウハウを体系化して書かれている。

ファミリーヒストリー

家族史の調べ方・まとめ方

2015年11月13日　第1版第1刷発行

著　者　宮　徹

発行者　玉越直人

発行所　WAVE出版
〒102-0074 東京都千代田区九段南 4-7-15
TEL 03-3261-3713　　FAX 03-3261-3823
振替 00100-7-366376
E-mail : info@wave-publishers.co.jp
http://www.wave-publishers.co.jp/

印刷・製本　中央精版印刷

ISBN978-4-87290-782-7
NDC916 207p 19cm